U0909162

编委会

龍橋精神之光

一个城市社区发展的精神图谱

方世南　主编

上海文艺出版社

图书在版编目(CIP)数据

龙桥精神之光:一个城市社区发展的精神图谱 / 方世南主编. — 上海:上海文艺出版社, 2021
ISBN 978-7-5321-8142-1

Ⅰ.①龙… Ⅱ.①方… Ⅲ.①社会主义精神文明建设—苏州 Ⅳ.① D648.3

中国版本图书馆 CIP 数据核字(2021)第 202344 号

责任编辑 倪 骏
特约编辑 长 岛
装帧设计 长 岛

龙桥精神之光 ——一个城市社区发展的精神图谱
方世南 主编
上海世纪出版集团 上海文艺出版社
上海市闵行区号景路 159 弄 A 座 2 楼 201101
上海文艺出版社发行中心发行
上海市闵行区号景路 159 弄 A 座 2 楼 206 室 201101 www.ewen.co
苏州市越洋印刷有限公司印刷
开本 787×1092 1/16 印张 15.5 字数 178, 000
2022 年 5 月第 1 版 2022 年 5 月第 1 次印刷
ISBN 978-7-5321-8142-1 / G·0333 定价:68.00 元

告读者 如发现本书有质量问题请与印刷厂质量科联系
T:0512-68180638

前言

党的十九届四中全会提出了新时代“中国之治”的总体目标和战略部署，作为城市的最基本单元，社区正是体现“中国之治”的一个窗口。

苏州市吴中区长桥街道龙桥社区，这个脱胎于江南水乡的小村庄，在快速城市化下一路成长起来的城市社区，是苏州迈向国际化大都市进程中众多“基本单元”的一个典型代表。从中华人民共和国成立初期成为“水乡学大寨”的“一面旗帜”，到如今依然是苏州村级集体经济发展的“一块牌子”；从远近闻名的“丰产方”，到人均股份分红在全市名列前茅；从水乡边缘到城市中心，经济强催生出来的百姓富、生态环境美、文明程度高，让它在苏州“高手如云”的村（社区）序列中，也占有一席之地。

看似寻常最奇崛，成如容易却艰辛。当依托于农耕时代乡土社会的“差序格局”被打破，面对快与慢、聚与散、分与合，龙桥人在一次又一次的抉择中，坚定“以人民为中心”，拿出穷则思变的勇气，拿出实干加巧干的智慧，最终在时代的涤荡中，沉淀出催人奋进的“龙桥精神”——初心铸魂，敢破善立。

本书的创作过程，亦是为“中国之治”在一个超大城市如何落地生根寻找“解题思路”的过程。为了探究龙桥精神产生的背景及现实意义，由苏州大学东吴智库首席专家、苏州大学特聘教授、博士生导师方世南领衔，方伟、罗志勇、杨征征、胡小君、孔川、陆波、张云婷、袁雪洪等多位专家学者和资深媒体人，以及新华日报社苏州分社的一线记者们，通过实地走访调研，获取了大量的原始数据及鲜活的故事案例，对龙桥人的奋斗史做了细致回顾。

本书立足物质文明、政治文明、精神文明、社会文明、生态文明“五大文明”理论框架，以极富哲学思辨的文字，生动阐释了以“初心铸魂，敢破善立”为核心内涵的龙桥精神，以较高的理论水平解构出一个社区“平凡之路”上的不凡之举。龙桥到底“破”了什么？“立”了什么？又带给我们哪些启示？相信读者在后续的阅读中都会找到答案。

一方水土养一方人，一方人造就一方精神。我们处在大变革的时代，个体总被历史的洪流裹挟着前进，精彩蝶变背后的身份认同，激流勇进中的冷静思考，总会成为推动历史继续前进的重要因子。随着城市的发展和时间的推移，更多的物质也许会消逝，但精神不灭，这不仅是龙桥人的骄傲，更是姑苏大地开启全面建设社会主义现代化新征程的一个值得解读和记住的印记。

现在，透过这扇窗，让我们一同去寻找这个高质量发展“样本”所散发的精神之光。

目 录

第一章
绽放新时代光辉的龙桥精神

○ 方世南

人无精神则不立，国无精神则不强。

——习近平

“初心铸魂，敢破善立”的龙桥精神，自从学大寨时期诞生并享誉全国以来，历经中国改革开放的思想洗礼和新时代中国梦的滋润而不断增添新的内容。龙桥精神的萌发、形成和完善与党史、新中国史、改革开放史、社会主义发展史以及龙桥这个特定区域的历史发展是一致的。认识龙桥精神的出场语境，透视龙桥精神的全息图景，把握龙桥精神的当代价值，对于总结好、学习好、传承好龙桥精神，让龙桥精神在新时代大放异彩，以其强大精神力量推动建设富强民主文明和谐美丽的社会主义现代化新龙桥，都有十分重大的意义。

一、龙桥精神的出场语境

任何先进的精神文化都是特定时代的产物，都经历着随时代变迁而不断发展的历史过程。“初心铸魂，敢破善立”的龙桥精神，虽然是诞生在苏州吴中大地上的一种精神文化现象，但是其萌发、形成和完善与党史、新中国史、改革开放史、社会主义发展史以及龙桥这个特定区域的历史发展是一致的。

龙桥既是一座名桥，又是一个新中国成立以后经历了从龙桥大队到龙桥村，再到龙桥社区的一个行政区域。龙桥作为一个行政区域，也经历了从隶属于苏州吴县再到由苏州吴中区管辖的历史变迁。现在的龙桥社区，位于千年姑苏古城的南端，坐落于千年古运河的环抱。无论是龙桥大队，还是龙桥村、龙桥社区，都与其地盘上有座近千年历史的五龙桥有关。

五龙桥是建于宋孝宗淳熙（1174—1189）、横跨西塘河的一座古桥，又名五泓桥，是凝聚着江南文化要素和创下了好几个苏州唯一的江南古运河上的有名古桥。如：是苏州城南面唯一的太湖之水进入口的桥，是苏州城唯一的五个桥洞石拱桥，是苏州城唯一的有东南屏障之称呼的古桥。“锁钥镇三吴，下饮长虹规半月；支条钟五水，远通飞骑扼全湖”，这副

五龙桥

桥联如实地反映了这座桥的重要性。

无论是桥名还是地名，龙桥的名称庄重而秀美，神奇而灵气。“初心铸魂，敢破善立”的龙桥精神更把中华民族图腾象征、中国文化突出符号的龙与具有江南水乡显著象征、江南文化突出符号标志的桥有机结合起来，蕴含着丰富的中华民族精神、改革开放时代精神和江南文化元素，其包含的信仰、理想、价值追求等丰富的人文精神要素，给人们以无限遐想和无穷精神力量。

龙桥，这一从古至今的钟灵毓秀、人文荟萃之地，虽然经历了由解放后的龙桥大队，到改革开放后的龙桥村，再到融入城市化格局中的龙桥社区的沧桑巨变，但是，龙桥精神始终是这块神奇土地创造奇迹的强大精神力量支撑，始终是推动龙桥物质文明、政治文明、精神文明、社会文明、生态文明持续发展的强大精神动力，始终是鼓舞人们追求美好生活的强大精神法宝。解锁龙桥精神的密码，首先要把握龙桥精神的出场语境，认识大寨精神浸染龙桥精神萌发、改革开放滋润龙桥精神品质、新时代淬炼龙桥精神升华的不断演变之轨迹。

1. 大寨精神浸染龙桥精神萌发

千百年来，龙桥是一个农耕之地，龙桥人民是祖祖辈辈、世世代代与土地打交道的农民。按照出生于龙桥的近邻、吴江著名社会学家费孝通先生在《乡土中国》一书中的说法，中国农村基层社会，是最为典型的乡土性社会，那些被称为土头土脑的乡下人，他们才是中国社会最为基层的人群。乡下人离不了泥土，因为在乡下住，种地是最普通的谋生办法，土地是农民的命根，是在数量上占据着最高地位的神，乡土社会是在地方性的限制下发展的社会。乡土社会是人们安土重迁的社会，是人们生于斯、长于斯、死于斯的社会。不但人口流动很小，而且人们所取给资源的土地也很少变动。乡土社会是没有陌生人的社会，是一个人们天天抬头不见低头见的熟悉人的社会。乡土社会的信用并不是对契约的重视，而是发生于对一种行为的规矩熟悉到不假思索时的可靠性。中国乡土社会的基层机构是一种所谓“差序格局”，是一个由“一根根私人联系所构成的网络”社会。这网络社会的每一个结都会附着一种道德要素，因之，传统的道德里不能另找出一个笼统性的道德观念来，所有的价值标准也不能超脱于差序的人伦而存在。处于农耕文明时代的龙桥人，长期以来安于现状的恋土情结，使他们过着日出而作、日落而息、靠天吃饭的生活。解放前，龙桥有句俗话：富不达万，穷不讨饭。意思是龙桥这里的村民没有特别富裕的，也没有特别穷困的，大都是老实巴交、勉强糊口度日的农民。因此，尽管这里水系发达、水运畅通，是历代江南水陆交通的重要通道，货畅其流，商贾云集，呈现出百货集聚、客商往来、店铺连片、人口日繁的兴旺景象，但是，由于固守于小富即安、知足常乐的小生产者的思想观念，在龙桥没有出现过巨宅大户，没有产生过如同周边昆山周庄沈万山那样的腰缠万贯的富商，也没有产生过状元探花举人进士那样的文人墨客和步入仕途的官宦之家。

中华人民共和国成立以后，随着人民公社化运动，龙桥成为吴县长桥人民公社所属的一个生产大队，称为龙桥大队。新中国，新变化，新气象，这种新变化、新气象深刻地影响着龙桥大队全体农民。中共八大第二次会议称中国正处于如同马克思所说的“一天等于二十年”的伟大时期，全国到处唱的《社员都是向阳花》：“公社是棵长青藤，社员都是藤上的瓜，瓜儿连着藤，藤儿牵着瓜，藤儿越肥瓜越甜，藤儿越壮瓜越大……”以及电影《艳阳天》的主题歌“咱们的天，咱们的地，咱们的锄头，咱们的犁，穷帮穷来种上咱们的地……”，都给龙桥大队干部群众以极大的精神激励，促使他们从安于现状到奋发进取，从单靠个体谋生到依靠集体抱团发展。“初心铸魂，敢破善立”的龙桥精神就是在传承生生不息的中华民族精神、全国农业学大寨涌现出来的大寨精神基础上不断得到萌发的。

中华人民共和国的成立，标志着中国人民从此站起来了。费孝通先生所描写的乡土旧中国的陈旧面貌发生了根本性的变化，长期处于传统社会精神压抑下的农民，第一次作为具有独立人格和自主性存在的人民公社社员，精神风貌发生了巨大改观。与新中国精神风貌巨大变化相伴随的龙桥精神，赋予了那个激情勃发、战天斗地、团结协作、改变面貌的峥嵘岁月特定时代的丰富内涵。

龙桥精神骨子里有一种龙的精神，龙的精神则生动地、具象化地体现了中华民族精神，龙桥精神是对龙的精神的返本开新，是对中华民族精神的继承和区域化发展。从古代中国人描述的龙形象来看，在龙的身上集中反映了“天行健，君子以自强不息；地势坤，君子以厚德载物”的顽强拼搏、奋发进取精神。在中国神话传说中，虽然龙的种类繁多，如有青龙、烛龙、应龙、祖龙、上龙、飞龙、腾龙、奔龙等等，但是，其共性特征都是神通广大，活动空间无比广阔，朝气蓬勃，奋发向上，威武不屈，力量无穷。它们都能上跃九天之际，下潜五洋深渊，任何铜墙铁壁、高沟深壑沟都无法阻挡龙飞腾的脚步。翻身得到解放的龙桥人，虽然实践活动的半径大都在几公里范围，但是整天看到奔腾不息的运河水，以及犹如五条青龙盘绕横跨大运河的五龙桥，目睹新中国的新变化和新气象，内心深处焕发出听党话，跟党走，通过苦干实干，让龙桥发生翻天覆地变化的豪迈激情。

龙桥精神深受大寨精神的浸染，或者换言之，没有中国广泛兴起的轰轰烈烈的全国农业学大寨运动，没有大寨精神的影响和浸染，就没有龙桥精神。大寨精神和大庆精神、雷锋精神等伟大精神一样，是新中国成立后我党培育的伟大时代精神，曾影响了一个时代人的精神风貌，并对中国社会发展产生巨大而深刻的影响。龙桥精神就是在大寨精神浸染下不断得到萌发的时代精神。

龙桥与大寨，尽管处于中国的一南与一北，相距遥远，但是，两个地区的精神气质因为具有共同的理想和价值诉求而冲破了时空的阻隔遥相呼应，大寨精神与龙桥精神因为具有普适性和特殊性的辩证统一关系而心心相印、脉脉相承。大寨是中国农业战线的一面旗帜。1953 年，大寨村党支部组织村民向穷山恶水宣战，制订出十年造地规划。他们凭着一双手、两个肩膀、一把镢头、两个箩筐不分昼夜地苦干，十年的工夫，改造了大寨的七沟八梁一面坡，解决了温饱问题，而且每年还上缴国家 20 多万斤余粮。在壮烈史诗般的战天斗地实践中，大寨精神的内核已经孕育。尤其是 1963 年他们自力更生战胜洪灾，实现了三不少："大灾之年卖给国家粮食不少，社员口粮不少，集体积累不少。"做到了三不要："不要国家救济粮，不要国家救济款，不要国家救济物资。"充分展示了大寨人不屈不挠、奋发图强的英雄气概和顾全大局、不向国家伸手的高风亮节。关于大寨精神，周恩来总理的概括是最为权威也是最为经典的。1964 年 12 月，第三届全国人民代表大会第一次会议上，周恩来总理在《政府工作报告》中对大寨精神做了如下的概括："政治挂帅、思想领先的原则；自力更生、艰苦奋斗的精神；爱国家、爱集体的共产主义风格。"周恩来总理的概括有三个基本特点：一是抓住了基层党组织发挥引领作用这个核心，说明大寨精神是旗帜鲜明讲政治的精神。二是抓住了坚持自力更生、艰苦奋斗这个精髓，表明大寨精神是自力更生、艰苦奋斗的精神。三是抓住了大力弘扬社会主义道德风尚这个亮点，突出大寨精神体现了爱国家、爱集体的共产主义风格。

龙桥学大寨是真学，这种真学体现在真干苦干实干巧干上，紧紧抓住用“初心铸魂”来充分发挥基层党组织先锋模范作用的引领功能这个核心，紧紧抓住坚持自力更生、艰苦奋斗这个精髓，紧紧抓住大力弘扬社会主义道德风尚这个闪光亮点，紧紧抓住唤起人民群众的主体性、能动性和创造性这个干事创业的关键，以敢破善立的勇气和胆魄，促进农业生产力迅速发展，为国家和集体增加粮食和农产品产量，改善人民群众生活。

世世代代与土地打交道的龙桥人民深知，土地是农民的命根子，而土地的命根子则是有机肥，增加有机肥就是增加农业丰收，同时，农业要增产，还要善于处理好破与立的关系，就是要敢于打破传统农业的生产方式，确立科技对新式农业增产的贡献度，从而有效改变长期以来“靠天吃饭”的农业发展方式，推动增产高效农业的形成，从根本上改变长期农业产量低下和农民吃不饱饭的现象。

“庄稼一枝花，全靠肥当家”“人靠饭养，稻靠肥长”。龙桥大队为了实现农业稳产高产，从积肥开始，将兴修水利与制造有机肥结合起来，即使在大雪纷飞、滴水成冰的隆冬，龙桥大队党支部也带领广大农民破冰踏雪，罱河泥积肥。他们还在龙桥横跨的西塘河上筑堤防洪，放养一种名叫水花生的水生植物，形成了一个每年积几十万担草塘泥的肥料基地，为粮食高产稳产奠定了物质基础。并且敢试敢闯，根据江南水乡特点，打破江南稻麦两熟制，确立“稻麦三熟制”，通过扩种双季稻，创出了粮食高产新途径。当时，按照中共中央制定的《全国农业发展纲要》（1956—1967），《纲要》要求实现的亩产目标是800斤。而龙桥大队通过“敢破善立”，则创出了“亩产超三纲”，即达到了2404斤的奇迹。

发扬革命传统学大寨

在常人认为不可能和办不到的情况下，龙桥大队凭着挑战极限的勇气和胆识，加上按照科学技术发展规律实践，勇闯农业发展新路的做法，创出“亩产超三纲”的成绩，使龙桥大队脱颖而出，一下子成为江苏省和全国高产地区学大寨的先进典型。1969年10月31日《人民日报》刊载了《水乡学大寨的一面红旗》的长篇通讯，较为全面地介绍了龙桥的做法和龙桥精神。时隔一年，1970年10月31日《人民日报》又发表了《江南高产地区学大寨的一个榜样》的调查报告，指出龙桥大队走大寨路，坚定不移；立大寨志，自力更生；学大寨人，勇往直前。揭示了龙桥精神就是“敢破善立”。在龙桥大队学习大寨精神的经验做法引起全国广泛注目的时候，龙桥精神由此萌发并不断地传播开来，吸引了全国各地来参观学习，龙桥大队也被誉为“江南的大寨大队”“苏州地区的大寨大队”。

2. 改革开放滋润龙桥精神品质

改革开放是决定中国前途和命运的关键一招。改革开放犹如春风化雨，一夜吹绿了江南岸，推动龙桥人思想大解放、实践大革新、精神品质大提升，使“敢破善立”的龙桥精神品质随着改革开放时代的深刻变化而具有了解放思想、实事求是、一切从实际出发、理论联系实际，在实践中检验真理和发展真理的丰富内涵。

在改革开放新时期，随着农村家庭联产承包制度的落实，传统的生产关系已经不能适应生产力的发展，农村行政体制改革势在必行。1983年10月12日，中共中央、国务院发出《关于实行政社分开，建立乡政府的通知》，从此开始实行政社分设，取消了人民公社制度，在人民公社的基础上重建乡体制。乡重新被确立为农村基层行政单位。此后，多份中央文件确立了农户为农业经营的主体，极大地调动了广大农民的生产积极性。传统的农民开始从土地上解放出来，促进了我国工业经济的发展和城镇化。在全国改革的大背景下，龙桥大队改为龙桥村。尽管行政体制改革了，但是，龙桥的精神文脉不但没有断裂，相反，出现了凤凰涅槃、浴火重生的重大变化。龙桥村高举中国特色社会主义旗帜，继续大力传承和弘扬龙桥精神，谱写出建设社会主义新农村的新篇章，推动龙桥精神与时俱进，赋予龙桥精神以新的时代内涵，这种新内涵深刻地体现在坚持党的领导，不断加强村党组织建设，充分发挥党建对各项工作的引领作用，以领导班子的精诚团结和务实苦干做好示范，促进村集体坚守发展的共同体主义，善于改革创新，勇于闯荡市场，不向苦难低头，齐心协力脱贫致富，持之以恒壮大集体经济，让龙桥村经济上强起来，生活上富起来，文化上硬起来，社会文明程度高起来，生态环境美起来，人际关系善起来，精神风貌好起来。

龙桥村刚建立起来后，在要不要继续传承和弘扬龙桥精神的问题上，有些人产生了疑惑，认为龙桥精神是改革开放以前计划经济时代的产物，现在改革开放和发展社会主义市场经济了，龙桥精神已经不合时宜了。龙桥村党支部通过积极参与关于实践是检验真理的唯一标准的大讨论，思想认识得到了大统一和大提高。大家认识到,龙桥精神提倡的是艰苦奋斗、自力更生的创业精神，是在实践中敢试敢闯坚持破与立辩证统一关系的攻坚克难精神，践行的是克服前进道路上的困难、勇往直前的奋斗精神，始终坚定不移地走在社会主义集体经济的道路上。在发展社会主义市场经济的条件下，在中国特色社会主义理论指导下，怎样建设好社会主义新农村，怎样坚持在抓物质文明的同时抓好精神文明，做到两手抓，两手都硬，怎样推动社会主义生产力的发展，怎么来通过全面建成小康社会来建设好社会主义国家，让人民群众过上幸福生活，这是一个常讲常新的话题，所以，龙桥精神并没有过时或者无用，一定要一直坚持下去，一直发扬下去。龙桥要在新的历史起点上进一步持续健康发展，就必须既能继承传统，弘扬过去的好精神，又能与时俱进，不断赋予龙桥精神以新的时代内涵。实践证明，只有在传承以往的好经验、好做法、好传统的基础上继续解放思想，更新观念，让龙桥精神随着时代的发展而不断地被赋予新内涵，才能出现生产力大发展和财富大裂变的奇迹。大家一致认为，龙桥发展的天花板，一定是思想观念的天花板！只有突破思想观念的天花板，才能突破龙桥发展的天花板！

1978 年，在改革开放春风的推动下，龙桥人将解放思想与从实际出发统一起来，依靠横向联合路径，大胆突破计划经济体制禁锢和小农经济意识，创办工业企业，并开始组建集团，发展乡村工业，龙桥村由此进入了“农转工”的崭新历史发展阶段。大批龙桥村民成为“半工半农”和“亦工亦农”的农民与工人兼备的双重身份。原来世世代代只知道和土地打交道的龙桥村民，在实践中开始学习并掌握市场经济的基本知识。在这个历史发展阶段，“初心铸魂，敢破善立”的龙桥精神与流行于江苏苏南和浙江温州等地的“四千四万”精神，开始汇聚起来成为强大的开拓进取精神，推动龙桥各项事业进入加速发展阶段。

“初心铸魂，敢破善立”的龙桥精神与“四千四万”精神具有相似的契合点，从本质上看，龙桥精神与“四千四万”精神是一脉相承的。江苏、浙江等地在发展村办企业、乡镇企业中形成的“四千四万”精神，是一种为了求生存、求温饱而不断开拓市场和销售产品而形成的精神，是一种踏遍“千山万水”、吃尽“千辛万苦”、说尽“千言万语”、历经“千难万险”的百折不挠、顽强奋斗精神。大批龙桥村人从钻研如何促进土地高产稳产到如何迅速成为市场经济的弄潮人，体现的是龙桥人将“初心铸魂，敢破善立”的精神文化，转化为一种为了达到既定目标而努力奋斗、吃苦耐劳、不畏任何艰难险阻、百折不挠奋勇前进的坚强意志和决心，在这个过程中不断破除陈旧的思想观念，在市场经济浪潮中熟悉水性，永立潮头，积极进取，善于总结，勇于革新，不断博浪奋进。

进入 20 世纪 80 年代，随着苏州工业化、城市化进程的加快，龙桥村的社会阶层结构出现了史无前例的巨大变化。传统意义上的农民的同质性特征开始不断减弱，而异质性特征则不断得到强化，龙桥村里农民队伍的分化倾向越来越明显。在传统农民阶层之外，崛起了一些新兴社会阶层，如从事零售业、餐饮业、服务业等项目的经营者、作为个体经营的私人企业主、从事中介活动的从业者，还有一部分凭借个人的知识技能与专长，以直接在市场出售劳动产品特别是精神劳动产品为谋生手段的自由职业者。此时，更需要用龙桥精神来凝心聚力，发挥精神文化团结人民群众干事创业的精神纽带作用。

随着农业用地不断转化为工业用地和居民集聚地，龙桥村成为吴县人民政府所在地的核心区域，1988 年龙桥村的土地全部被征用，从此，龙桥人彻底进行了身份的转换，告别了祖祖辈辈都是农民的身份，开始成为城镇化中的市民。龙桥人因地制宜、审时度势，顺应吴县工业化和城市化进程，前瞻性地确定了龙桥要根据自身区位优势以发展三产服务业为主导的产业布局，龙桥村自此进入发展三产服务业的新阶段。

龙桥人在发展社会主义市场经济中深刻地认识到，只有积极响应党和政府的号召，大力发展社会主义市场经济，才能激发广大人民群众参与市场经济实践活动的主体的能动性和创造性，才能促使资源得到最合理的配置，也才能极大地激发人民群众的主体性和创造性，推动集体经济的发展。市场经济是依靠知识、技能和本领赢得财富的经济，市场经济又是遵纪守法的经济。龙桥村发展社会主义市场经济必须坚持正确的政治导向，即是要坚持社会主义市场经济的本质属性，将社会主义市场经济与资本主义市场经济严格地区分开来，坚持社会主义市场经济首先必须坚持共同富裕的基本原则。共同贫困不是社会主义，社会主义就是要消灭共同贫穷。一部分富裕和一部分贫困，也不是社会主义，社会主义就是要实现人民当家做主的主体地位，消除贫困和富裕两极分化现象，走向共建共享的共同富裕之路。

基于这样的认识，龙桥村民以敢于当第一个吃螃蟹的勇士的胆气，下海经商，1982 年，龙桥村在团结桥南创办了华龙饭店，这标志着龙桥人“二产转三产”迈开重要步伐。当时社会上正盛行“市场经济就是私有经济，发展集体经济就是思想僵化”的错误思潮，龙桥集体经济遭到质疑。龙桥村党支部专门组织广大党员和村民们讨论解放思想和实事求是的关系，认为，龙桥精神倡导的“初心铸魂，敢破善立”充满了辩证法，既体现在别人不敢想的事情和不敢走的路，龙桥人敢于想和敢于走。同时，龙桥人又坚持底线思维和系统思想，始终将人民群众利益和在集体经济壮大基础上实现共同富裕作为重要原则，为此，有些人违背这些原则敢想和敢做的，龙桥人又不敢想和不敢做。龙桥村党组织向村民承诺，在龙桥村的发展中，不管任何风云变幻，必须毫不动摇地坚持三项基本原则，即坚持“集体资产只租不卖，集体资产只增不减，百姓收入只增不减”。龙桥的发展模式是集体经济模式，只有始终坚持这种发展模式，才能有效防止贫富分化现象，才能以实际行动坚持走中国特色社会主义发展道路，也才能使龙桥经济获得不断持续发展的强大动力。

龙桥人在实践中深深地感到，社会主义集体经济并没有一成不变的僵死模式，“初心铸魂，敢破善立”的龙桥精神是推动变革集体经济发展模式使之具有强大生命力的精神动力。新情况新变化不断提出新问题，需要新实践加以破解，龙桥面临的问题是，在工业化、城镇化的发展进程中，涉农社区失去了赖以生存发展的土地这个命根子，那么，需要依靠什么推进新条件下的创新发展，涉农社区居民如何持续增收，走向共同富裕，过上美好生活？龙桥人需要从“初心铸魂，敢破善立”的龙桥精神中找到推动发展和创造奇迹的密码。1996 年，龙桥村大胆扬弃单一的集体经济结构，探索集体经济多元化的组织方式，成立了江苏龙桥集团，注册资本 4200 万，成为当时吴县首个村一级的省级集团，并依托省级集团的优势，整合和优化了龙桥村的经济资源，实现了“政企分离”，建立起了现代企业管理制度，这一经济组织形式的创新，有助于让市场机制更加充分发挥出对于资源配置的优化作用，极大地调动了参与市场经济主体的人的积极性，提高了龙桥集体经济的发展速度，进一步增加了龙桥集体经济的积累。

3. 新时代淬炼龙桥精神升华

“初心铸魂、敢破善立”的龙桥精神是随着时代发展而不断赋予新内容的创新精神，是在新时代实践中与时俱进的进取精神。党的十八大以来，在习近平新时代中国特色社会主义思想指引下，“初心铸魂、敢破善立”的龙桥精神得到了进一步的继承和弘扬。在龙桥基层党组织建设、社区建设、基层治理体系和治理能力建设、生态文明建设、新时代文明实践活动、人的文明素质提升等方面，“初心铸魂、敢破善立”的龙桥精神不断以新内涵、新要求、新动力焕发出崭新的生机和活力。

新时代是进一步加强党的集中领导、统一领导和全面领导的时代，基层党组织建设是党的建设固本强基工程，龙桥各级党组织自觉地将自身定位为“初心铸魂、敢破善立”的带头人，对照新时代的新背景、新任务和新要求，不忘初心，牢记使命，砥砺奋进，在“初心铸魂、敢破善立”的龙桥精神鼓舞下，不断总结经验，创新思维，进行新的实践探索，推动基层党的建设迈上高质量发展的新台阶。

龙桥基层党组织建设是一项任务繁重的系统工程，龙桥各级党组织以党的十九大报告关于坚定不移全面从严治党，不断提高党的执政能力和领导水平，不断提高党的建设质量的基本要求为指导，以不断提升基层党组织的组织力为重点，适应城市化快速发展对基层党组织建设提出的新要求以及对城市社区基层治理提出的新问题的要求，以“初心铸魂、敢破善立”的龙桥精神构建新时代城市社区党建新格局。龙桥基层党组织将“四型党组织建设”，即学习型、服务型、创新型、法治型党组织建设与“四自能力建设”，即自我净化、自我完善、自我革新、自我提高能力建设紧密结合起来，强化政治意识，充分发挥基层党组织的领导核心作用，强化政治功能，加强组织力建设，将组织优势转化为竞争优势和发展优势。通过学习提高，完善社区党建与各级企业党组织党建的互联互动工作机制，整合多方资源形成学习型、服务型、创新型、法治型党组织建设的整体合力。以创新思维改进和创新工作方式方法，提升城市社区党建的支持保障力度。以人才思维注重加强各级基层党组织的人才队伍建设，强化城市基层党组织建设的保障举措，并通过不断创新体制机制，切实以制度的力量保障“四型党组织建设”和“四自能力建设”的质量。

“初心铸魂、敢破善立”的龙桥精神促进了城市社区基层党建与城市基层治理的紧密融合。城市社区基层党建与社会治理存在着正相关的关系，表现为城市社区基层党建强，则社会治理强，城市社区基层党建弱，则社会治理弱的内在必然关系。龙桥社区以法治型党组织建设，不断地促进党组织自身治理法治化和推进城市基层治理法治化，以城市基层党组织先锋模范作用和战斗堡垒作用的发挥，推动城市基层社会治理和经济社会持续健康发展。龙桥社区党组织将法治作为一张亮丽的名片，将法治作为工作的思维方式和行为方式，将法治作为核心竞争力的重要标志，以法治思维、法治方式和法治手段，及时化解面广量大的老街区改造、化解劳资纠纷、加强生态整治、进行交通疏导、加强社会治安、保障公共安全等矛盾，使这些涉及面广、利益触点多、燃点低，处理不好容易引发公共事件和演变为社会问题的一系列新问题得到及时解决，彰显破与立的新时代辩证法。通过加强“四型党组织建设”和“四自能力建设”，龙桥基层党组织能够积极参加“学党章党规、学系列讲话，做合格党员”学习教育，更加聚焦主责主业，抓党建、抓治理、抓服务、稳人心、促和谐，使工作重心能切实转移到提高基层党组织建设的能力和水平上，切实转移到提升学习型、服务型、创新型、法治型党组织建设的能力水平上，切实转移到推动公共文明、公共服务、公共管理、公共安全、环境整治、

鸟瞰吴中城区

纠纷化解等工作上，切实转移到为经济高质量发展提供良好的社会环境上，切实转移到为广大社区居民服务并通过这种服务提高居民的满意度、幸福感、获得感、安全感上，从而使龙桥各级党组织的底气真正地硬了起来，党建工作旗帜高高地飘了起来，党建队伍越来越强。

“初心铸魂、敢破善立”的龙桥精神推动着党建内容和形式不断创新，过去从来没有遇到过的新问题、新矛盾通过发扬敢破善立精神得以迎刃而解，一个个新颖党建方式犹如雨后春笋一样地树立了起来。如新时代出现了街道社区与企业、新社会组织以及新兴领域的党组织，需要加大这些党组织建设统筹协调的力度，就促进了建立社区、开发区、商圈、楼宇党建组织体系之间的联动融合机制，推动各种不同行业的党组织做到条块结合、资源共享、人才共用、智慧共融、优势互补。再如，为了提高服

务质量和服务水平，需要以提升服务能力和服务水平为导向，切实抓好便民服务网络建设，以利于广泛凝聚社区居民的力量，积极搭建服务平台，更好地服务经济社会发展，服务居民的民生需求，从而能够在服务水平提升中提高党组织的影响力、凝聚力、战斗力。随着信息智能技术快速发展，基层党建面对着一系列新形势、新任务，为此，需要积极探索“实体 + 虚拟”的社区党组织建设的组织设置模式，推行线上、线下“双线互动”的基层党组织建设活动方式，努力把“无形”资源转化成“有形”服务。龙桥基层党组织注重加大现代网络信息技术的广泛应用，加强党群服务网、党群微信群等党建信息技术，推行党建网格与综治、民政、安监、生态环境、养老服务等网格之间的联动整合，达到了多网融合、一网联动的高效能。通过设立党内网络信息管理系统，借助于“智慧党建”等信息技术和载体手段，打造了线上线下“一站式”综合服务平台，形成了区域互动、数据共享、信息互联互通的党建大数据库，把社区党建、基层治理、公共服务、教育培训等内容有机地整合在一起，不断提高了基层党建工作系统化、网络化、信息化、智慧化、法治化水平。

新时代是新发展理念指导新发展实践、谋划落实新战略，在全面建成小康社会基础上开启全面建设社会主义现代化国家的新征程的时代，新时代发展的战略目标在于解决人民日益增长的美好生活需要和不平衡不充分的发展之间的矛盾，龙桥社区党组织以及企业党组织在“初心铸魂、敢破善立”的龙桥精神鼓舞下，推动发展从规模速度型走向质量效益型的新阶段，促进龙桥各项事业迈上整体性高质量发展的新境界。如果说，龙桥在以往的发展中，为了尽快摆脱贫困落后的面貌，尽快让人民群众解决温饱，过上比较富足的小康生活，工作中更多注重的是发展经济，坚持以经济发展为中心，将经济发展的规模和速度作为摆在首位的因素，那么，进入新时代，龙桥将全面建成小康社会的重点战略放在全面性上，将以经济建设为中心与以人民为中心紧密地结合起来，注重从经济、政治、文化、社会及生态等多领域的难题入手，将整合各种资源和力量从而在新的历史起点上做出新成绩，作为龙桥各项工作的重点和难点。作为集体资产比较丰厚、在全面建成小康社会进程中不断地补短、补软、补缺，奠定了基本实现现代化牢固基础的社区，龙桥按照将自己打造成为展示“强富美高”新图景、展示“新姑苏繁华图”灿烂美景的社会主义现代化卓越社区的要求，统筹协调地推进经济建设、政治建设、文化建设、社会建设和生态文明建设，全面地推动人的文明素质提升，促进龙桥物质文明、政治文明、精神文明、社会文明、生态文明五位一体的整体性文明全面提升。

新时代龙桥将“初心铸魂、敢破善立”的龙桥精神与新发展理念紧密地融会贯通起来，坚定不移贯彻创新、协调、绿色、开放、共享的新发展理念，推动龙桥经济社会整体高质量发展。龙桥在发展中深刻理解贯彻新发展理念的重要性和紧迫性。我国社会主要矛盾已经转化为人民日益增长的美好生活需要和不平衡不充分的发展之间的矛盾，我国正处在转变发展方式、优化经济结构、转换增长动力的攻关期。新发展理念提出的要求是全方位的、多层面的，绝不是只有经济指标这一项，这是我国发展进入新阶段、我国社会主要矛盾发生变化的必然要求。龙桥各级党组织紧紧扭住新发展理念推动发展，把注意力集中到解决各种不平衡不充分的问题上来，努力提高以新发展理念统领龙桥经济社会发展的能力和水平。龙桥社区先后获评为江苏省和谐示范社区、江苏省文明社区、江苏省民主法制社区、苏州市村级经济发展标兵村、苏州市实践“三个代表”实现“两个率先”先锋社区、苏州市城乡一体化改革发展先进集体，连续多年获评为吴中区集体经济稳定收入超5000万元社区。

二、龙桥精神的全息图景

任何具有激励人们持续不断地创新创业创优努力奋斗开拓进取的精神文化，都是特定时代的产物，都会打上时代进步的深刻印记并发挥推动时代发展的重大价值功能。龙桥精神体现了经济基础决定精神文化的产生和内容，精神文化又反作用于经济基础的马克思主义基本原理。同样，对于特定时代具有感召人们努力奋斗价值功能的精神文化，我们都不能只是停留在表象上去理解和领悟，更不能单一地停留于字面上去理解和领悟，而必须以整体性全方位的视野去把握该精神文化的全息图景，从而能够透过文字的表象去把握其内在的深刻意蕴，达到客观真实地把握其精神实质的目的。

“初心铸魂、敢破善立”的龙桥精神，单就字数而言，只有短短的八个字，然而，从龙桥精神的理论逻辑、实践逻辑、历史逻辑、现实逻辑和未来发展逻辑来看，龙桥精神既有源远流长的从孕育到形成的发展阶段，又有深厚的历史文化底蕴。龙桥精神作为激励龙桥人求真务实科学发展的实践指南和行动纲要，既蕴含着对于发展从世界观和方法论，从认识论和实践论去深思的发展哲学，又蕴含着对于发展主体、发展规律、发展目的、发展本质、发展趋势的文化价值观层面的发展文化。同时，龙桥精神是主观性和客观性的有机统一，龙桥精神描绘着从农耕文明形态到工业文明形态再到将物的尺度和人的尺度紧密结合起来的新文明形态的发展逻辑，龙桥精神从龙桥社区发展这个特定的时间和空间上谱写了中国特色社会主义的崭新发展篇章。

1. 龙桥精神蕴含的发展哲学

“初心铸魂、敢破善立”的龙桥精神一开始就是以吴中大地作为区域性发展哲学的精神文化形态问世的，是马克思主义发展哲学指导龙桥发展实际的精神文化形态。处于最高普适性层面的发展哲学是从哲学层面研究和阐述经济社会发展问题的世界观和方法论，主要从本质和规律层面来研究经济社会发展问题，要围绕经济社会发展整体这一研究对象，探讨经济社会发展的本质和规律，揭示经济社会发展的目的和价值，分析经济发展的复杂关系，提出经济社会发展的理念和目标。“初心铸魂、敢破善立”的龙桥精神是深刻反映作为普适性发展哲学的一种区域性发展哲学，是马克思主义经济社会发展思想应用于龙桥实际而形成的发展哲学，这种发展哲学是龙桥人民在发展实践中总结出来理论。“初心铸魂、敢破善立”的龙桥精神本质上是一种知行合一、认识与实践相统一的关于发展的世界观、方法论，同时又是推动发展的认识论、实践论和价值论。“铸、破、立”这几个动字，都紧扣龙桥当地的发展实践，以共产党人为人民谋利益、为民族谋复兴的豪迈情怀，以强烈的改革创新精神，有针对性地破解发展中遇到的一系列难题，彰显出发展中的强烈问题导向和实践导向，体现了从龙桥客观实际出发，大胆实践和大胆探索的敢于斗争、勇于胜利的斗争精神。

龙桥精神体现出的这种发展哲学是科学解答如何充分调动人民群众主体性、能动性、创造性发展的发展哲学，是科学解答“发展依靠谁”“发展为了谁”“发展的成果由谁来享受”的发展哲学，是科学解答如何在探索和遵循自然界发展规律、市场经济发展规律、中国特色社会主义现代化发展规律、人的自由而全面发展规律而创新发展、开放发展、协调发展、绿色发展、安全发展、共享发展的发展哲学。

“初心铸魂、敢破善立”的龙桥精神，就是发扬基层党组织先锋模范作用，动员和依靠龙桥全体人民自力更生、艰苦奋斗、筚路蓝缕、自强不息努力改变积贫积弱局面，走向共同富裕道路，充分体现创造美好生活的党性精神的发展哲学，龙桥精神体现了强烈的党性和政治性，是党群齐心合力、上下同心攻坚克难、不断开拓进取的发展哲学。“初心铸魂”，首先倡导的是基层党组织不忘党的宗旨和使命，不忘为民造福的初心，不忘共同富裕的价值之魂。各级党组织倡导和践行初心铸魂，敢破善立，就是要通过加强党组织自身建设，提高党组织的领导力、动员力、凝聚力、战斗力，提高自我革新、自我净化、自我完善、自我提高的能力，在敢破善立的实践中创造性发展。因此，如果没有龙桥各级党组织在推动发展中发挥出来的坚强战斗堡垒作用，没有各级党组织始终走在经济社会发展前列的先进性和纯洁性作用的发挥，没有各级党组织在推动发展中的积极性、主动性和创造性的发挥，龙桥精神就无法转变为强大的物质力量。“初心铸魂、敢破善立”，首先体现在龙桥党组织的率先垂范上，正是一届又一届龙桥党组织领导班子成员自觉地把龙桥精神当作接力棒，薪火相传，接续奋斗，才创造出一个又一个发展奇迹。

“初心铸魂、敢破善立”的龙桥精神，就是坚持马克思主义关于人民是历史创造者的唯物史观，弘扬和践行以人民为中心的发展，充分体现紧紧地依靠人民创造美好生活的为民精神的发展哲学。龙桥精神的内核是以人民为中心的发展思想，是对中国共产党执政为民、发展富民的一切为了人民的价值观的继承和发展。中国共产党始终坚持人民主体性和全心全意为人民服务的价值导向，始终将人民利益摆在至高无上的地位，除了争取和实现人民的根本利益、近期利益和长期利益以外没有自身的任何特殊利益，始终将实现人民对美好生活的向往作为接续奋斗的神圣使命、唯一目标和强大动力，将增进人民福祉和促进人的自由而全面发展全部地体现在经济建设、政治建设、文化建设、社会建设、生态文明建设和党的建设等各方面。龙桥精神中的“初心”就是民心，民心是龙桥精神的核心，是龙桥精神的灵魂。龙桥精神作为发展哲学，其根本目的是为了人民群众的切身利益、长远利益和根本利益，出发点和落脚点都是为了不断提升人民群众的获得感、幸福感、满足感、安全感。“初心铸魂、敢破善立”的龙桥精神作为发展哲学，不是抽象玄虚的想法，更不是空洞无力的说法，而是以抓铁有痕、踏石留印显示出来的做法。“初心铸魂、敢破善立”的龙桥精神，呈现出一股激情燃烧、干事创业的强大力量，展现出一种面对困难逢山开路、遇水架桥的刚强意志，凝聚着一份以民为本、造福于民的火热真情，张扬着一腔善始善终、善做善成的顽强正气。

“初心铸魂、敢破善立”的龙桥精神，就是坚持从社会发展的整体性出发，将经济建设与政治建设、文化建设、社会建设、生态文明建设等有机联系起来，追求龙桥整体性全面进步和人的素质全面提升的系统精神的发展哲学。发展是从简单到复杂，从低级到高级的不断上升的前进运动。发展既以经济为基础，又要通过文化发展、政治发展、人的发展等体现出来，追求发展的整体性、全面性、系统性和发展的人文性是马克思主义发展哲学的真谛。

“初心铸魂、敢破善立”的龙桥精神充分体现了这一真谛。“初心铸魂、敢破善立”的龙桥精神将发展的人文性、科学性、规律性、持续性等有机地统一了起来，以“初心铸魂”突出发展的主体性和人文性，同时更加突出党性原则。以“敢破善立”突出发展的科学性、规律性，说明发展是遵循市场经济规律的科学发展，是遵循自然规律的可持续发展，是遵循社会规律的包容性发展。马克思主义发展哲学源于经济社会发展的实践，又高于经济社会发展的实践，对经济社会发展的实践以世界观方法论方面的重要指导。“初心铸魂、敢破善立”的龙桥精神体现了运用马克思主义发展哲学指导龙桥发展实践的智慧，明确了发展的主体和依靠对象是谁、为什么要发展、要实现什么样的发展、如何持续健康发展等一系列有关发展的方向、目标、价值、前景的重大发展问题。

“初心铸魂、敢破善立”的龙桥精神将为人民造福的初心使命写在发展的旗帜上，将追求整体文明进步作为发展的世界观和价值观，将通过敢破善立达到遵循规律发展和取得优良的发展成效作为发展的方法论。在发展实践中统筹协调好改革、发展、稳定的关系，做蛋糕与分蛋糕的关系，经济建设与政治建设，文化建设、社会建设、生态文明建设的关系，经济现代化与人的现代化的关系，集体经济发展与民营经济发展的关系，区域发展与周边发展的关系，对内发展与对外开放的关系，当代龙桥人的发展与子孙后代人的永续发展的关系。

2. **龙桥精神展示的发展文化**

一定的精神都反映着一定的文化，一定的文化都是对一定的精神的集中概括和提炼。精神和文化既有一定的区别，又有内在的紧密联系。发展是在一定的文化特别是文化价值观指导下的发展，发展的背后都有一定的发展文化。“初心铸魂、敢破善立”的龙桥精神，作为龙桥党组织带领人民艰苦创业的精气神和反映发展价值、发展目标、发展愿景的思想观念形态，就是一种反映发展实践又经过总结提炼概括的发展文化。发展文化是推动发展的重要文化价值观，是引领发展方向和提升发展主体精气神的强大精神力量，也是构成发展竞争力的无形而强大的软实力。反映龙桥发展的实力、动力和潜力的综合力量，从发展哲学的高度看，可以简单地归纳为发展力。龙桥的发展力，无论是在学大寨时期，还是在改革开放时期和进入新时代的各个不同的发展阶段，都是由经济力、政治力、科技力、管理力、资源力、文化力等组成的综合实力系统，其中文化力是贯穿于和渗透于各种力中并指导各种力的灵魂。没有龙桥精神构成的强大文化力，龙桥的发展就没有坚实的精神文化支撑，必然犹如在沙滩上造房子，缺少牢固的根基，必定会坍塌下来。把握龙桥精神的文化形态和全息图景，认识龙桥精神展示的发展文化尤为必要。

“初心铸魂、敢破善立”的龙桥精神反映的发展文化，在阶段性的发展中体现出连续性的特征，是阶段性和连续性的统一。“初心铸魂、敢破善立”的龙桥精神反映的发展文化，在龙桥各类发展主体身上的体现，既有共同性又有特殊性，是普遍性和特殊性的统一。“初心铸魂、敢破善立”的龙桥精神反映的发展文化在龙桥整体竞争力中构成强大的软实力，又转化为鼓舞人们攻坚克难、锐意进取的战斗力，是硬实力和软实力的统一。“初心铸魂、敢破善立”的龙桥精神反映的发展文化发挥着以文化人，以文育人的功能，又体现为文化自信和文化自强的统一。

“初心铸魂、敢破善立”的龙桥精神显示出来的发展文化在阶段性的发展中体现出连续性的特征，是阶段性和连续性的统一。在农业学大寨时期，反映龙桥精神的发展文化是推动龙桥人民科学种地、开展群众性技术革新和科学实验活动的强大动力。以苦干实干加巧干的精神向大地要粮食，以敢于创新精神种植试验田、丰产田、良种田，使龙桥大队实现了水稻、小麦、玉米、棉花等主要农作物的良种化，并且不断更新品种，连续多年都获得了粮食大丰收，在为国家做出了巨大贡献的同时，改善了人民群众的生活，过上了温饱生活，出现了物质生活由吃不饱穿不暖到基本吃穿不愁的巨大改变，成为全国学大寨的一面旗帜，这在当时的条件下是很不容易做到的。正是在大寨精神的鼓舞下，形成了“初心铸魂、敢破善立”的龙桥精神，龙桥精神从其源头来看，是学大寨运动中生动地体现出来的区域发展文化，这种区域发展文化随着中国社会发展的巨大变迁而获得自我丰富、自我完善、自我提高的强大生命力，特别是随着改革开放的实践和新时代新发展阶段的新任务，犹如雨露滋润，龙桥精神获得了生生不息的强大力量，成为中华民族精神总体性组成部分中的吴中大地的区域精神文化。龙桥精神作为发展文化与社会主义精神文明建设的价值诉求是一致的，龙桥精神反映的发展文化具有阶段性特征，但是，由于这种发展文化是在建设中国特色社会主义进程中形成的，必然不会因为具有阶段性特征而终止，而必然随着中国特色社会主义事业的不断发展而绵延开来，鼓舞着龙桥人民承前启后、继往开来，在中国特色社会主

“龙桥精神”教育馆

义道路上奋勇前进。

“初心铸魂、敢破善立”的龙桥精神反映的发展文化在龙桥各类发展主体身上的体现，既有共同性又有特殊性，是普遍性和特殊性的统一。龙桥精神的主体是多元并存所组成的精神文化共同体。龙桥精神既是龙桥党组织的精神文化，又是全体龙桥人民的精神文化，从龙桥人民群众的阶层、职业、身份等的不同来看，龙桥精神又通过龙桥不同类型的人群反映出来，如通过龙桥本土本社区的人群，在龙桥务工创业的外来人员，龙桥的企业家，龙桥的企业员工，龙桥的老年人、年轻人、未成年人等反映出来。作为发展文化，“初心铸魂、敢破善立”的龙桥精神，在龙桥党组织那里，就是不忘初心、牢记使命，将人民利益放在最高位置，为人民群众谋福祉的精神，就是按照客观规律改革创新精神，就是艰苦奋斗不断地创新创业创优精神。在龙桥企业家和职工那里，龙桥精神就是一种企业文化和岗位文化，推动人们自觉地践行社会主义核心价值观，以自我奋斗精神、敬业精神、乐于奉献精神、改革创新精神的实际行动，加强社会主义先进文化建设，促进龙桥区域文化的发展，并以此推动社会主义文化繁荣兴盛。在龙桥本土人和外来人那里，龙桥精神通过优良的民风民俗和凡人善举表现出来，促进龙桥广大普普通通的民众自觉践行社会主义核心价值观，涌现出了一大批爱国忠诚、诚实守信、助人为乐、孝老爱亲、见义勇为、爱岗敬业、踏实厚道的道德模范，他们用龙桥精神模塑着高尚的道德人格，书写着一个个感人的故事，在吴中大地上传递着崇德向善的精神文明正能量。

3. 龙桥精神描绘的发展逻辑

“初心铸魂、敢破善立”的龙桥精神，展示的是龙桥党组织带领人民群众认真贯彻落实党和国家的路线方针政策，围绕充分实现国家利益、集体利益和个人利益三者利益的发展目标，围绕让人民群众过上幸福的美好生活，以筚路蓝缕、夙兴夜寐、耕耘树艺、手胼足胝的艰苦创业精神开拓进取的创业史、奋斗史、发展史，描绘出了龙桥在党的领导下，将人民利益、国家利益、集体利益有机统一起来，为建设中国特色社会主义而奋斗的从低级到高级不断成长壮大的发展逻辑。

“初心铸魂、敢破善立”的龙桥精神描绘的发展逻辑，是龙桥经过以实际行动学大寨、改革开放奋力闯荡市场经济以及在新发展阶段用新发展理念开创新发展格局等历史进程长期奋斗的历史逻辑、精神逻辑、实践逻辑的必然结果。

“初心铸魂、敢破善立”的龙桥精神描绘了龙桥党组织带领人民勇于开拓和接续奋斗的历史逻辑。龙桥的历史发展表现为团结一心、不畏艰难险阻、在破与立的对立统一中曲折发展的进程，不管是诞生于学大寨时期的自力更生、艰苦奋斗精神，改革开放时期的壮大集体资产的发展共同体精神，还是进入新发展阶段的以民为本、坚持将全面建成小康社会后开启全面建设社会主义现代化强国的精神，都展示出龙桥在经济社会发展中自觉地遵循客观规律的实践探索精神，都展示出龙桥在取得阶段性发展成果基础上又向更高目标前进的奋发进取精神，都展示出龙桥人民追求卓越，坚持要干就要干得最优的高标准严要求精神，都展示出龙桥人民永不言败、永不满足、永不停顿的拼搏精神。“初心铸魂、敢破善立”的龙桥精神在学大寨时期充分展示的自力更生、艰苦奋斗、万众一心、改造河山、战天斗地、攻坚克难精神，在发展社会主义市场经济时期展示的解放思想、实事求是、从实际出发、学习本领、提高能力、抱团发展、开拓奋进的精神，进入新时代进一步突出的不忘初心、牢记使命，以人民为中心、以共同富裕为价值追求，以经济建设、政治建设、文化建设、社会建设、生态文明建设协调发展追求整体高质量发展和整体文明进步的精神，都从历史逻辑的角度，表现出龙桥精神对中华民族优秀传统文化的返本开新和继承创新，表现出龙桥精神对以爱国主义为核心的民族精神和改革创新为核心的时代精神在一脉相承基础上的与时俱进，表现出龙桥精神始终呼应人民对美好生活的期待，始终坚定不移地听党话、感党恩，跟党走。龙桥精神的历史逻辑客观真实地反映出历史不停顿，精神不停息，精神始终追随着历史发展的轨迹，不断地向历史深处走去，又不断地在历史发展中增添着精神文化的新营养、新内涵、新特征。

龙桥精神的历史逻辑犹如一面明镜，镌刻着龙桥党组织始终不忘初心、牢记使命、敢破善立、踏平坎坷的鲜明文字，以其发展的历史逻辑启迪着龙桥人民必须做到，一切向前走，都不能忘记走过的路，走得再远、走到再光辉的未来，也不能忘记走过的过去，不能忘记为什么出发。这是初心铸魂的本质之所在，也是在初心铸魂的思想引导下推动龙桥敢破善立的强大精神动力，也促使龙桥人民从自身发展的历史逻辑中认识到，龙桥的成绩已经写在过去的历史上，面向未来，面对挑战，一定要继续发扬“初心铸魂、敢破善立”的龙桥精神继续前进。在未来发展的历史进程中，龙桥还有许多“雪山”“草地”需要跨越，还有许多“娄山关”“腊子口”需要征服，一切贪图安逸、躺在安乐椅上享清福，不愿继续艰苦奋斗的想法都是要不得的，一切骄傲自满、不愿继续开拓前进的想法都是要不得的。因此，从历史逻辑来看，“初心铸魂、敢破善立”的龙桥精神是以往的长征精神和新时代继续弘扬长征精神的有机统一。

“初心铸魂、敢破善立”的龙桥精神反映了龙桥党组织带领人民善于总结奋斗经验并用于指导奋斗实践的精神逻辑。精神虽然不是万能的，但是，没有精神是万万不能的，没有正确的精神文化价值观支撑的实践活动是盲目的，是不可能走得长远的。“初心铸魂、敢破善立”的龙桥精神，就其精神文化的实质来看，就是要进一步按照客观情况的变化而不断地转观念，按照新时代新任务新要求而勇于担当，按照高质量发展的理念而争创效益，按照人民对于美好生活的期待而壮大集体资产并在共同富裕的道路上奋勇前进。

“初心铸魂、敢破善立”的龙桥精神描绘的精神逻辑，是主观与客观相结合的逻辑，是物质转化为精神，精神反作用于物质的逻辑。龙桥精神的逻辑证明，任何精神都不可能凭空产生，也都不是少数几个人主观想象的产物，而都是时代的产物，是时代提出问题，精神都是对这个时代问题的解答，精神和时代任务的问答逻辑，推动时代精神的产生和发展。总之，物质决定精神，精神反映物质。一定的时代提出一定的历史任务，推动着深刻反映该时代历史任务并努力完成这个历史任务的精神文化的产生和发展。按照马克思主义唯物史观，“同样每一历史时期的观念和思想也可以极其简单地由这一时期的经济的生活条件以及由这些条件决定的社会关系和政治关系来说明”[①]。龙桥精神从产生到发展的线索表明，倡导“初心铸魂、敢破善立”精神文化价值观，这绝不是历史发展上的偶然巧合，而是时代发展的必然。在龙桥精神的萌芽阶段，是龙桥党组织和人民群众对于“全国学大寨，龙桥怎么办”“温饱没有解决，集体经济怎么办”等重大问题的问题之思。“初心铸魂、敢破善立”，就是对学大寨中的时代问题的应答。其答案是，全国学大寨，龙桥必须走在全国学大寨的前列，创造出江南的大寨，为国家争光，为百姓造福，改变贫困落后的面貌。在龙桥精神的形成阶段，是龙桥党组织和人民群众对于“全国在加快改革开放的步伐，龙桥怎么办”“解放思想，破和立的关系怎么办”等重大问题的问题之思。其答案是，全国加快改革开放的步伐，龙桥必须走在全国改革开放的前列，做敢试敢闯、永立时代潮流中的弄潮儿，在思想观念上，要敢于破除墨守成规、故步自封的陈旧思想观念，善于确立改革创新的新观念，在改革开放的行动上，要敢于破除传统计划经济的旧体制，创立社会主义市场经济新体制。在人的素质提升上，要从长期“脸朝黄土背朝天”的“乡下人”，转变为走南闯北，面向现代化、面向世界、面向未来的“全球公民”。在龙桥精神的丰富阶段，是龙桥党组织和人民群众对于“全国高质量发展，龙桥怎么办”“实现人民对美好生活的向往，未来的龙桥怎么办”等重大问题的问题之思。其答案是，全国高质量发展，龙桥必须走在全国高质量发展的前列，争当高质量发展的示范，争做高质量发展的表率，建设好富强民主文明和谐美丽的龙桥社区，将龙桥打造成为充分展示江南文化韵味的、人的自由而全面发展的、体现强富美高新图景和新江南繁华图的社会主义现代化卓越社区，成为全国党建高质

---

① 《马克思恩格斯选集》第三卷，第335页，北京：人民出版社，1995年版。

量发展、人民生活高质量发展、现代化建设高质量发展的样本。

“初心铸魂、敢破善立”的龙桥精神反映的精神逻辑，在其漫长历史发展中累积起来的精神财富，就是要进一步将龙桥人民在传统和现实中形成的攻坚克难的精气神凝聚起来，以咬定青山不放松、越是艰险越向前的顽强拼搏的韧劲，鼓足士气、振奋勇气、滋润朝气、淬炼锐气，以气可鼓而不可泄，劲可增而不可减，发挥破立相结合的辩证法，一仗接着一仗打，一锤接着一锤敲，一山接着一山翻，按照党中央的要求和人民群众的期盼，把龙桥的发展理念端正好，把发展的精气神培育好，把发展中出现的结构性矛盾解决好，把发展新动能锻铸好，把各项改革创新任务完成好，把重大风险挑战管控好，推动龙桥实现以民为本、更加全面、更高质量、更有效益、更可持续的发展。

“初心铸魂、敢破善立”的龙桥精神折射的实践逻辑，是把建设中国特色社会主义的基本要求和龙桥区域发展的实践紧密地结合起来，按照实事求是的思想路线，发挥党组织的先锋模范作用，各级领导干部以不忘初心、牢记使命的政治责任、政治担当精神走在干事创业第一线，紧紧地依靠人民群众，走切合自己区域发展实际的发展道路，建设中国特色社会主义的实践逻辑。龙桥精神的实践逻辑充分说明，一切崇高的理想和美好的梦想都是在实践中干出来的，而不是说出来的。中国特色社会主义提供了实践的大舞台，实践推动着中国特色社会主义发展。

“初心铸魂、敢破善立”的龙桥精神是实打实地干出来的精神，是充分体现认识与实践紧密结合的知行合一精神。“初心铸魂、敢破善立”的龙桥精神，前面四个字，注重的是主观认识，是思想观念层面的价值追求，而后面四个字，注重的则是在实践中的作为，这种破立相统一的实践行为，是勇气、胆量和智慧的统一，反映了在实践中的主观辩证法和客观辩证法的完美结合。

“初心铸魂、敢破善立”的龙桥精神呈现出的实践逻辑，尽管在中国特色社会主义的不同时期和龙桥发展的不同阶段，有不一样的内容和形式，有不一样的目标和价值追求，但是，都体现出龙桥人民强烈的实践品格、实践效果、实践目的。龙桥人民以实际行动学大寨，就是要按照自己的实际情况传承和创新好大寨精神，并不是采取教条主义的态度学，不是完全按大寨那样为了改变生存条件和发展条件而开山凿坡、修造梯田去做，而是结合江南水乡的特点，按照吴中大地天时地利人和的客观规律，通过改变传统农业生产思维和传统的耕种方式、栽培方式、收获方式，促进靠天吃饭、赖地穿衣的传统农业，蹄疾步稳地不断走向科技武装、工具革新、市场化运作、集体化的现代农业，实现农业的稳产高产，呈现社会主义新农村的美好景象。“初心铸魂、敢破善立”的龙桥精神呈现出的实践逻辑，在改革开放时期，就是大胆解放，更新观念，埋头苦干，真抓实干，以艰苦奋斗精神不断钻研社会主义市场经济规律、经济高质量发展规律、人与自然和谐共生规律、人的自由而全面发展规律、社会主义现代化建设规律，推进改革开放的伟大事业。按照邓小平关于“世界上的事情都是干出来的，不干，半点马克思主义都没有”的指示精神，将苦干实干巧干有机地结合起来，为龙桥人民谋福祉，为集体经济谋利益，奠定龙桥的综合竞争力。“初心铸魂、敢破善立”的龙桥精神呈现出的实践逻辑，在新时代就是认真贯彻落实新发展理念，始终保持党组织的先进性和纯洁性，以不忘党的初心使命的实干锻铸坚持把人民对美好生活的向往作为奋斗目标之魂，锻铸始终为人民不懈奋斗、同人民一起奋斗之魂，锻铸切实把奋斗精神贯彻到龙桥各项事业全过程，形成竞相奋斗、团结奋斗的生动局面之魂。

“初心铸魂、敢破善立”的龙桥精神呈现出的实践逻辑由于是从龙桥这块肥田沃土中生长起来的，是反映了龙桥人民心声和符合中国国情和地方实际情况的精神，在龙桥各项事业的实践中就行得通，在实践中显示出来强大的生命力，是精神转化为物质力量的富有效率的精神文化现象。同时，中国特色社会主义实践永无止境，人们对它的认识和总结也永无止境，龙桥精神生动地体现出在建设中国特色社会主义伟大实践中不断创新、不断深化的实践品格、实践导向和实践逻辑。

4. 龙桥精神谱写的发展篇章

“初心铸魂、敢破善立”的龙桥精神是龙桥最值得自豪、最值得珍视的宝贵精神财富，这一宝贵精神财富是龙桥党组织带领人民以发展共同体主义、责任担当伦理、奋发有为的进取精神赢得的，体现了龙桥党组织和人民群众在贯彻落实党的路线方针政策中的发展业绩，以其气壮山河的实践将不可能转化为可能。随着时代的发展，从一个生产大队进而蝶变为一个村，又从一个村蝶变为一个城市社区的特定时间和空间，展示出从农村到城市，从固守一方水土到面向现代化、面向世界、迈向未来，以海纳百川有容乃大的宽广心胸开拓创新，推进社会整体文明进步和实现人的自由而全面发展所展示出来的一种崭新发展篇章。

“初心铸魂、敢破善立”的龙桥精神展示的崭新发展篇章，是龙桥历经了学大寨时期的锻炼和考验、改革开放的锻炼和考验、农村快速汇入城市化洪流的锻炼和考验，社会主义市场经济的锻炼和考验、外部复杂环境的锻炼和考验而逐渐形成的，体现了在不断开拓进取、奋发有为精神和勇于实践革新的双向运行中，推动龙桥物质文明、政治文明、精神文明、社会文明、生态文明有机结合和整体协调持续健康发展的光辉篇章。龙桥精神的发展篇章谱写了积极弘扬和践行了我党改革创新的时代精神，

石湖之韵

坚持和发展了在经济建设、政治建设、文化建设、社会建设和生态文明建设“五位一体”总体布局中，促进物质文明、政治文明、精神文明、社会文明、生态文明的全面整体性提升，又在这个过程中满足了人民对美好生活的向往，保障人民群众以满足物质利益为内容的经济权益、以积极参与民主政治建设满足政治利益为内容的政治权益、以在社会主义精神文明建设中获得文化利益为内容的文化权益、以提升社会和谐度获得社会利益为内容的社会权益、以满足人与自然和谐共生的生态需要为内容的生态权益，在高雅的精神文化熏陶下促进人的自由而全面发展。

“初心铸魂、敢破善立”的龙桥精神是龙桥人实践经验的精神总结和提炼，成了推动龙桥科学发展、率先发展、协调发展、创新发展的创业创新创优之魂，由此集聚起了推动龙桥人民披荆斩棘开新路、筚路蓝缕创新业的发展之魂和发展之力，谱写了龙桥以高质量经济建设推动物质文明的新篇章，奠定了坚实的集体经济基础，以雄厚的经济实力满足人民群众过上幸福生活的需要；创造了“四个走在前列”的发展奇迹，即集体资产总量走在前列，年稳定收入走在前列，产业载体拥有量走在前列，合作社现金分红走在前列。

龙桥在不断壮大集体经济富百姓口袋的同时，加强社会主义精神文明建设，促进富脑袋，谱写了以高质量文化建设推动精神文明发展的新篇章。龙桥社区大力加强公共文化建设，倡导和践行公共文化服务的普惠均等化，全面提高居民的科学素质和人文素养，志愿服务常态化，好人文化蔚然成风，培育崇德向善的良好社会风尚，推动社区和谐发展。龙桥坚持绿色发展，自觉践行绿水青山就是金山银山理念，将新兴产业、腾笼换鸟、节能降耗等生态指标纳入年度绩效考核体系，持续加大生态文明建设考核权重、定期督察通报结果，使发展的“绿色元素”成为促进生态文明取得新进步和科学决策考量的关键因素，大力落实生态环境责任制，以河长制促进运河等湖泊河流的水生态文明建设。以人的自由而全面发展的价值诉求为导向，促进社区文明迈向“以民为本、崇德向善、诚信友爱、邻里和睦、文化厚重、和谐宜居”的美好形态，全方位地展示龙桥的全新形象，赢得了“吴中第一社区”的美誉。

三、龙桥精神的当代价值

“初心铸魂、敢破善立”的龙桥精神，作为起源于吴中大地并广泛流传于全国各地的精神，体现了龙桥人民在党的领导下建设中国特色社会主义的精神财富和文化传承。龙桥精神是奋斗的精神，闪耀着奋斗者的风采，给后人以继续奋斗的巨大精神鼓舞。习近平总书记说：“生活在我们伟大祖国和伟大时代的中国人民，共同享有人生出彩的机会，共同享有梦想成真的机会，共同享有同祖国和时代一起成长与进步的机会，有梦想、有机会、有奋斗，一切美好的东西都可以创造出来。”① 龙桥精神又是科学精神与人文精神的有机结合，初心铸魂的内涵就是人文精神的张扬和升华，是人文精神、人文关怀、人文追求的集中体现。这种追求人心向党、人心为民、人心向上向善的人文精神，在任何时期都会闪耀出温暖光辉，散发出超越时间空间的永恒价值。敢破善立精神，更多地体现出遵循客观规律办事创业，使主观符合客观，认识符合实际，尽最大可能减少失误，获得最大效能的科学精神。科学精神有多方面的内容，但是，科学精神的核心则是从客观实际出发，是求真务实，这是中国共产党实事求是思想路线的核心内容和基本特征，是我们党一贯倡导的马克思主义原则。龙桥之所以能够持续健康发展，龙桥精神之所以随着时代的发展而获得生生不息的强大生命力，就是一以贯之地坚持科学精神，一以贯之地将科学精神与人文精神紧紧地融合在一起。随着协调推进全面建设社会主义现代化国家、全面深化改革、全面依法治国、全面从严治党的战略布局会在实践中不断丰富其内容，发挥出更加巨大的价值功能。进入新时代，龙桥的发展站在了一个更高平台上，在充分彰显以人民为中心的发展，继续高扬以集体利益为重的发展共同体主义，大力锻铸以创新引领卓越的实践品格，努力开创

---

① 习近平：《在十二届全国人大一次会议上的讲话》，2013 年 3 月 17 日新华社。

以整体文明为导向的五位一体文明之路，高质量绘就以美丽为价值诉求的“新姑苏繁华图”等一系列艰巨任务面前，龙桥精神必将以其特有的精神品格和目标使命，发挥出催人奋进、勇攀高峰、实现伟大梦想的当代价值。

1. 彰显以人民为中心的发展主体性

“初心铸魂、敢破善立”的龙桥精神，是龙桥党组织将党的性质、宗旨、使命、责任记在心中，扛在肩上，落实到为人民谋福祉的行动上，在推动龙桥从贫困走向富裕，从基本温饱走向全面小康，又从全面小康迈向基本现代化的长期发展实践中培育出来的精神。

龙桥精神最大的亮点是以民为本、为民造福，促进人的素质全面提升、达到人的自由而全面发展的人文精神，这种人文精神是催人持久合力奋斗、抱团发展、共建共享的精神。从学大寨以来，龙桥以民为本、为民造福的人文精神绵延不绝地闪耀着党性和人性紧密结合的人文光辉。中国特色社会主义进入新时代，无论是经济建设、政治建设、文化建设、社会建设、生态文明建设，还是党的建设，龙桥所做的一切，都是围绕人民群众对美好生活的需要，以强烈的问题意识和敢破善立的对策导向，解决好不平衡不充分的发展问题，给人民以更好的教育、更稳定的工作、更满意的收入、更高质量的医疗卫生服务、更可靠的社会保障、更舒适的居住条件、更丰富的精神文化生活、更安全的发展，在实践中更加充分彰显以人民为中心的发展主体性，实现龙桥精神的当代价值。

在“初心铸魂、敢破善立”的龙桥精神中，“初心”就是反映龙桥基层党组织坚守的党性基本原则，全心全意地为人民服务，坚持群众利益无小事，群众再小的利益问题，都要把它当作大事，做实做好做细，做到老百姓的心坎里。龙桥的党组织就是要为人民群众诚心诚意办实事，尽心竭力解难事，坚持不懈做好事。同时，龙桥精神中的“初心”就是人心、民心。民心是最大的政治，旗帜鲜明地讲政治，落实到龙桥各项工作上，就是党组织要始终把龙桥人民的根本利益、集体利益和国家利益放在心上，坚定不移增进民生福祉，把高质量发展同满足人民美好生活需要紧密结合起来，通过提升产业转型升级水平、推动城镇化、现代化发展水平、提高驾驭社会主义市场经济能力，实现龙桥更加充分更高质量就业，居民人均可支配收入增长走在前列，提高基本公共服务均等化水平，切实提升人民群众的获得感、幸福感、安全感。

龙桥将初心铸魂与敢破善立紧密结合起来，就是坚持以改革创新精神，将破与立结合起来，从龙桥各项工作实际出发，以共同富裕、共建共享的原则，提高普惠性、基础性、兜底性民生建设水平，提高公共服务共建能力和共享水平，在织密扎牢民生保障网的基础上，提高人民群众的生活质量。龙桥深化改革就业、教育、社保、医疗、养老、托幼、住房等关系民生实事的制度体系，不断提高公共服务可及性和均等化水平。针对应对人口老龄化的特点，围绕让老年人老有所养、生活幸福、健康长寿的目标，龙桥大力发展居家和社区养老服务，规范建设社区敬老院，加快构建居家社区机构相协调、医养康养相结合的养老服务体系。龙桥以较为雄厚的集体经济为基础，贯彻落实共同富裕原则，特别是重视对特殊困难群体生活保障的投入，进一步兜住共同富裕的民生底线，如今的龙桥，既没有暴发户，也没有贫困户，家家都是余钱户。

2. 高扬以集体利益为重的发展共同体主义

“初心铸魂、敢破善立”的龙桥精神，之所以具有推动龙桥从贫困走向富裕，从单一的发展走向全面发展和整体性进步，从经济发展水平的提高到不断促进人的全面发展等价值功能。从根本上来说，是依靠抱团发展、共建共享的集体主义精神，体现出将个体融入集体，将个体利益汇聚进集体利益，又以集体利益充实个体利益的发展共同体主义。

“初心铸魂、敢破善立”的龙桥精神，是全体龙桥人依靠心往一处想、劲往一处使的发展共同体主义，推动经济社会持续全面进步的团队合作精神。龙桥从学大寨以来就将“初心”赋以凝心聚力、同心同德、抱团攻坚克难、共享发展成果的丰富内容。龙桥人始终牢记中华民族流传下来的“二人同心，其利断金”的祖训，自觉地将个体的“我”融汇成作为集体共同体的“我们”，将单独的“个体”融汇成具有强大凝聚力的“集体”，在迈向现代化新征程中，又将作为个体和群体的“人”融汇成为作为人类命运共同体的“人类”。在学大寨时期，龙桥人民靠着艰苦奋斗精神，做到了粮食自足，改变了过去“糠菜半年粮，山芋当口粮”的艰苦生活，与此同时，龙桥通过缴公粮、卖余粮的方式给国家做贡献，并壮大集体资产。在发展社会主义市场经济中，龙桥将集体资产当作大家共同的财富，顶住了来自各方的所谓转制的压力，坚持一个人富了不叫富裕，全村人富了才叫富裕的初心。在中国特色社会主义进入新时代，龙桥认真贯彻落实新发展理念，将共享发展作为体现发展共同体主义的重要手段，夯实抱团发展的根基，在集体主义作为社会主义优越性生动体现的康庄大道上奋勇前进。龙桥以其区域发展的实践充分证明，社会主义绝不是共同贫困，因为在共同贫困状态下，社会主义无法体现出优越性。社会主义也不是一部分人富裕，另一部人贫困，两极分化是与社会主义原则根本对立的。社会主义就是既要消灭贫困，又要消灭两极分化，走向共同富裕的发展道路，体现共同富裕的发展共同体主义就是社会主义。

“初心铸魂、敢破善立”的龙桥精神体现的发展的共同体主义，并不是只要集体，忽视个体，而是协调好集体和个体的辩证关系，既坚持“大河有水小河满，大河无水小河干”的大河主导和支配小河的理念，又坚持“涓涓细流汇成江河”的小河影响大河的理念，将每个人的积极性、能动性发挥到极致，从而将不可能变成可能，将可能性转化为现实性，创造出了一个又一个人间奇迹。

在龙桥发展共同体主义的史册上记载着一个又一个强有力的带头人，是他们通过以身作则，群策群力，按照党中央要求和龙桥客观实际，集思广益制订出符合龙桥发展实际的发展计划，带领大家苦干实干巧干，走向共同富裕之路。发展的共同体主义，使龙桥的凡夫俗子都伟大了起来，在龙桥，每个人都了不起，正是依靠每个人的聪明才智，在中国特色社会主义万里长江上共同奋力划桨，推动了龙桥这一叶小舟不断转换为大帆船，最后成为吴中大地上令人瞩目的社区经济社会发展的航空母舰。

3. 锻铸以创新引领卓越的实践品格

“初心铸魂、敢破善立”的龙桥精神，是在坚持党的全面领导下的改革创新精神，是龙桥将创新作为推动发展的强大动力的革故鼎新精神，“初心”也体现为龙桥党组织和人民在将党性和民心有机结合中敢破善立的一种童心，龙桥倡导的破立关系就是以创新引领实践深入发展的关系，锻铸了龙桥以创新引领卓越的实践品格。

龙桥的发展历史，就是不断解放思想的历史，就是思想观念变革引爆财富裂变的历史。龙桥以“初心铸魂、敢破善立”的龙桥精神，取得了观念一变天地宽的效果。当遇到各种艰难险阻时，龙桥坚持观念决定思路，思路决定出路，将思想观念转变作为决定实践方式变革的重要力量。在学习大寨时期，如何改变传统的农业生产方式，如何保持粮食的高产稳产，如何将科学技术运用于农业生产，如何在农村生产力发展的基础上进行生产关系的变革，以推动生产力更好地发展，如何创新传统的思想政治教育方式，让龙桥人民坚定理想信念，坚持中国特色社会主义发展道路，对于这些重大的理论和实践问题，龙桥都能坚持破与立的有机结合，从龙桥实际出发，或先破后立，或先立后破，或破立结合，推动实践的发展和精神的升华。在改革开放实践中，龙桥更是将敢破善立的胆魄和精神风范运用到极致，大胆地破除姓社姓资的思想纠葛，将社会主义理解为就是要大力发展生产力，解放生产力，消除两极分化，坚持走共同富裕的道路。以民主法治意识推进基层治理，坚持群众路线，将群众的事情，通过充分协商民主，按照民主集中制原则办事，保持了龙桥长期的稳定和谐，展示了发展共同体主义的强大生命力。龙桥按照市场经济规律大胆地试验，大胆地闯，通过努力壮大社区总部经济、税源经济，直接增加集体收入，为股份制改革积累了基础。龙桥在非常时期谋非常之策，举超常之措，紧紧抓住“资产量化”的契机，推进资产股份合作改革，创新农民利益联结机制，毅然将集体资产的一半折股量化给每一个村民。龙桥社区鼓励村民投资入股龙桥物业股份合作社，保证村民每年底高额的分红。龙桥善于将危机转化为先机，将变局开辟为新局，2008 年以来，龙桥社区紧紧抓住金融危机下蕴含的机遇，先后收购外地大量优质资产，使龙桥社区成为吴中区第一个“走出去”发展的社区。

随着集体经济的不断壮大，龙桥以实现基层政治组织和经济组织的重构为基础，实行政企分开，加快龙桥社区组织功能的转变和企业经营机制的转换，加强了基层组织力，提高了推动经济发展能力，促进龙桥整体高质量发展。龙桥的实践证明，坚持“初心铸魂，敢破善立”就是要做到，既不简单地直接套用马克思主义经典作家设想的社会主义模板，又不是简单地延续我国历史传统文化的母版，既不是其他社会主义国家实践经验的再版，也不是国外发展模式的翻版，而是要始终坚持将马克思主义理论与龙桥的客观实际紧密结合起来的中国特色社会主义实践经验的创新版。

龙桥的创新不是主观随意的，而是不断探索和遵循客观规律的结果，龙桥将创新的标准确定为，各项破立结合的举措是否有利于生产力发展，是否有利于集体资产的保值升值，是否有利于国家利益和最广大人民群众的利益，是否有利于推动人的自由而全面发展，是否有利于龙桥世世代代可持续发展，是否符合依法治国建设法治国家、法治社会、法治市场的要求。这种创新标准，符合了中央的基本要求和人民群众的利益，在实践中具有强大生命力。

4. 开创以整体文明为导向的五位一体文明之路

“初心铸魂、敢破善立”的龙桥精神，是针对各个领域中存在的突出问题，以改革创新精神加以破解，并在破解的基础上确立新做法、新机制的精神。龙桥人按照马克思主义社会发展整体性的要求，按照中国特色社会主义全面性、整体性的要求，不断开创以整体文明为导向的五位一体文明发展之路。

龙桥精神是开放发展的思想体系，这种开放发展的时代背景，就是我国社会文明进步发展的实践和龙桥区域实际的变化。虽然对于中国社会发展的理念具有鲜明的时代性和变迁性，但是，从总体上看，都经过了从不全面到全面、从不完善到逐渐完善的发展过程。如果说以前更多的是摸着石头过河的话，那么，现在则更具有科学理论的指导，更明确现在的路怎么走、将来的路怎么走，增强了理论自觉。在学习大寨时期，龙桥精神指导的实践较为单一地集中于如何提高生产力发展水平，特别是提高粮食农作物生产水平上，破与立的主攻方向是发展农业，保持稳产高产，成为江南学大寨的楷模。在发展社会主义市场经济过程中，龙桥精神更多地体现在发展经济上，通过发展经济，积累集体经济资产，实现共同富裕的目的。进入新时代，龙桥将破立结合运用于经济建设、政治建设、文化建设、社会建设和生态文明建设各个领域，凡是不利于解放和发展生产力的做法，凡是不符合集体经济发展壮大的做法，凡是不利于人民群众切身利益、根本利益和长期利益的做法，凡是不利于实现人民对于美好生活要求的做法，都要加以破除，都要在实践中推出新做法、新举措、新机制。初心铸魂，敢破善立的目的集中服务于和服从于以人民为中心的发展，集中于认真贯彻落实新发展理念，集中于增进人民群众的整体福祉和促进人的自由而全面发展。龙桥将经济建设、政治建设、文化建设、社会建设和生态文明建设作为重要的整体性抓手，通过整体性建设，切实保障人民群众的经济权益、政治权益、社会权益、文化权益、生态权益。促进龙桥在建设中国特色社会主义事业中，始终将物的尺度与人的尺度紧密联系起来，相互作用和相互促进，始终将经济建设当作龙桥各项事业发展的坚实基础，将基层民主法治建设作为推进各项事业协调发展的重要保障，将提升居民人文素质和道德情操的文化建设作为不可或缺的灵魂，将推进社会治理体系和治理能力现代化建设作为根本，将环境美的生态文明建设作为龙桥各项建设的前提条件，切实地实现好、维护好、发展好龙桥人民包括政治权益、经济权益、文化权益、社会权益和生态权益等在内的一整套权益，让人民群众有更多的获得感、满意感、幸福感和安全感。使龙桥人民在敢破善立的实践中感到，中国特色社会主义事业是人民群众自己的事业，是不断实现和满足人民群众福祉的事业，是不断提高人民群众身心健康和生活质量促进其价值实现的事业，是不断促进人与自然和谐、人与社会和谐以及人自身和谐的可持续发展的事业。

吴中公共文化中心

5. 绘就以美丽为价值诉求的“新姑苏繁华图”

“初心铸魂、敢破善立”的龙桥精神，是不断在开拓进取中实现新超越的自强不息精神，是不断在实践中探路并在实干中绘制新发展蓝图的工匠精神，是以美丽为价值诉求不断地创造心灵美、环境美、制度美、科技美、文化美的美丽精神。

美丽的龙桥、美丽的运河、美丽的吴中人文与山水的交相辉映，充分体现出“初心铸魂、敢破善立”的龙桥精神，是一种追求美、实现美、在优美的物质环境和优美的人文环境中促进人的自由而全面发展的精神。如果说，清代著名画家徐扬的《姑苏繁华图》是一幅美丽静态图画的话，那么，龙桥以其“初心铸魂、敢破善立”的艰苦奋斗、自强不息精神绘制社会主义集体发展蓝图，则是动态的美丽画卷，体现了龙桥为绘制“新姑苏繁华图”而焕发出来的苟日新、日日新、又日新的创新创业创优精神。

龙桥人民坚信，只有传承好“初心铸魂、敢破善立”的龙桥精神，必将能绘制出新时代不断增添新美景的“新姑苏繁华图”。清代乾隆年间苏州籍宫廷画家徐扬用了24年时间创作了一幅名为《盛世滋生图》（又名《姑苏繁华图》）的画作，他以独特的长卷形式和高超的散点透视技法，真实地反映了当时苏州“商贾辐辏，百货骈阗”的市井风情，以赞乾隆盛世。这是继宋代《清明上河图》后的又一宏伟长卷，全长比《清明上河图》还长一倍多。画面自灵岩山起，由木渎镇东行，过横山，渡石湖，历上方山，介狮山、何山两山之间，入苏州郡城，经盘、胥、阊三门，穿山塘街，至虎丘山止。画卷自西向东，由乡入城，重点描绘了一村（山前）、一镇（苏州）、一街（山塘）的景物，画笔所至，连绵数十里内的湖光山色、水乡田园、村镇城池、社会风情跃然纸上。画卷布局精妙严谨，气势恢宏，笔触细致，十分细腻地刻画出了江南的湖光山色、田园村舍、阊胥城墙、古渡行舟、沿河市镇、流水人家、民俗风情官衙商肆，描绘了苏州城郊百里的风景和街市的繁华景象，形象地反映了18世纪中叶苏州风景秀丽、物产富饶、百业兴旺、人文荟萃的繁盛景象。当时的龙桥这一区域也是画面重点描绘之地。

然而，由于旧的社会制度不破除，新的社会制度没有立起来，姑苏繁华必然会犹如浮云飘忽而难以持久。中国历史上的盛清时期，也是中国由盛转衰的转折时期，在姑苏繁华的背后已经埋下了深刻的社会危机。当中国还在为落后的社会制度、落后的生产方式创造的农耕文明而陶醉的时候，整个世界正发生着马克思所说的“历史向世界历史转变”的翻天覆地变化。资产阶级通过规模空前的技术革命和工业革命，创造了巨大的生产力，并开辟了广阔的世界市场。马克思、恩格斯在《共产党宣言》中指出："资产阶级在它不到一百年的阶级统治中所创造的生产力，比过去一切时代创造的生产力还要多，还要大。"

落后就要挨打，落后必然落伍。就在《姑苏繁华图》完成的一百年后，随着清朝帝国的衰落，太平天国战争的炮火将阊门外直到山塘街的繁华商业区全都化为灰烬，也就悲催地书写了苏州从繁华到衰落的历史。只有新中国成立后，苏州人民在中国共产党领导下，才能在新的历史基础上绘制出"新的姑苏繁华图"。"初心铸魂、敢破善立"的龙桥精神蕴含的以人民为中心发展的精神、为中国特色社会主义而自强不息的奋斗精神、改革创新的时代精神、坚持社会主义发展共同体主义的精神、以美丽为价值诉求的整体文明进步的精神、全面建设展示强富美高新图景的社会主义现代化卓越社区的精神、为实现中华民族伟大复兴中国梦的精神，必将鼓舞龙桥当代人以及子孙后代人不断地为"新姑苏繁华图"增添新笔墨，创造龙桥更加光辉灿烂的美好明天。

第二章
龙桥精神的产生与发展

○ 袁雪洪

“初心铸魂，敢破善立”的龙桥精神诞生于20世纪60年代农业学大寨时期，伴随着改革开放的前进脚步逐渐走向成熟，党的十八大进入社会主义新时代以来其精神内涵日益丰富。“初心铸魂，敢破善立”的龙桥精神的形成与发展经历了从最初孕育到走向成熟至日臻丰满三个阶段，它同时见证了社会主义建设时期中国农村半个多世纪以来的发展历程，也是中国农村半个多世纪，特别是改革开放与进入社会主义新时代以来翻天覆地变化的一个缩影。

一、龙桥精神的孕育：20世纪60年代

20世纪60年代，龙桥人以大寨“自力更生，艰苦奋斗”的精神为榜样，坚持社会主义道路，始终不渝地以改变贫穷落后面貌的顽强斗志和为国家多缴公粮的奉献精神，敢为人先，艰苦创业，奋勇拼搏，大胆突破千百年来中国传统农业的种植藩篱，积极探索苏南水网地区农业增收的实现路径，持续获得农业高产丰产稳产，成为闻名全国的江南水乡农业学大寨的一面旗帜。由此，敢“破”善“立”的龙桥精神在江南水乡苏州孕育诞生，高高飘扬。

1. 依偎在大运河怀抱中的龙桥

自古以来，就有“一方水土，养育一方人”之说法。是江南水乡的丰饶富庶哺育了龙桥人，赋予了龙桥人特有的勤劳与聪慧。

龙桥社区位于苏州古城南部京杭大运河之畔，隶属于苏州市吴中区长桥街道，原为吴县长桥公社龙桥大队。这是一块古老而又年轻富有活力的土地。

龙桥社区，因五龙桥而得名。五龙桥，又名五泓桥，为一座五孔石拱古桥，长 42 米，宽 6 米，始建于宋淳熙年间（1174—1189），明清时代多次修缮重建。五龙桥横跨西塘河，因位居西塘河、九曲港、新郭港、石湖、澹台湖五水合流之处而赐名。桥下的西塘河经澹台湖至京杭大运河、至石湖、至太湖，为苏州城南的水上要津。“锁钥镇三吴，下饮长虹规半月；支条钟五水，远通飞骑扼全湖。”其桥联不仅摩状出五龙桥溪映带的韶秀天姿，更是显示了五龙桥在苏州城南水陆交通上的重要地位。五龙桥所处的特殊地理位置，亦使之成为历代兵家必争之地。清《太湖备考》载：“按守五龙桥莫若守鲇鱼口尤为扼要，今鲇鱼口以湖营千总驻防，不独五龙桥汛有唇齿之依，而松陵亦恃为犄角矣。”（鲇鱼口，为西塘河南端连接东太湖的出口处，毗邻吴江松陵。）五龙桥是苏州现存的唯一五孔联拱古桥，不仅历史悠久，而且又以卓尔不群的桥梁建筑艺术著称，1997 年 7 月被列入苏州吴县市文物保护单位。桥联中的“锁钥镇三吴”与“支条钟五水”，同时形象地勾画出了吴地水乡泽国的独特风貌。在 20 世纪 70 年代之前，五龙桥周围，山夷水旷，渔村炊烟，溪桥联袂，丰神秀特，充盈着吴地特有的山水田园风光，乃典型的江南“鱼米之乡”。五龙桥畔有一个依水而建的小集镇——五龙桥镇，当地人都叫它龙桥老镇，或龙桥老街。因地处水陆交通要道，五龙桥镇集市终年人流不息，

20 世纪 70 年代西塘河（五龙桥边龙桥古镇）

呈现出一派繁盛忙碌的景象。

进入 21 世纪，随着吴中城区城市化的蓬勃推进，在五龙桥北侧新辟了一条宽敞的太湖西路，一座与古五龙桥并行的新型公路平桥——新龙桥跨越西塘河横贯太湖西路，于是在西塘河畔，形成了“古今双桥落彩虹”的壮美景观。

与古五龙桥一起见证龙桥悠久文明史的，便是桥下那条流贯不息的西塘河。西塘河，亦作蠡塘，又名大龙江、大龙港，南起太湖鲇鱼口，与吴江接壤，北入苏州古城盘门外护城河。明《吴邑志》载：“鲇鱼口南受太湖水，北流汇为蠡塘，又北过五龙桥，入吴县盘门运河。”西塘河南北沟通太湖和苏州护城河，为扼江苏，连接浙中、浙西的水上要冲。五龙桥则居其中部。西塘河原为一个面积不大的湖泊，自 20 世纪 70 年代以来，先后多次经历水利改造、围垦造田以及河道两岸的住宅建设，如今演变成了一条 50 来米宽的河道。而正是在历次的建设围垦中，千年西塘河遗址浮出了水面。自20世纪70年代初至90年代末，经苏州博物馆、南京博物院等考古部门多次考古挖掘发现，西塘河遗址有古代水井200余口以及大量的文物遗存。其出土文物有黑皮泥质陶器、几何印纹硬陶器以及筒瓦等建筑构件、渔猎所用网坠等器物。其中，黑皮陶器有罐、壶、鬲、豆、钵、盆等；几何印纹硬陶大部分为陶罐，陶质坚硬，上饰方格纹、米字纹、细麻布纹等。从年代上看，这些古井和器物均为战国时期所有。同时，还发现了大量墓葬及其随葬品，如陶罐、瓮、陶器 、青铜器、木器等。尤其值得一提的是，这些出土的木器中有剑、削、匕、梭、绕线板等生产生活用品。西塘河遗址的考古证明：苏州城南龙桥一带，商周时期以来就开始形成繁荣的人类聚居区，而渔猎网坠和剑、削、匕、梭等木器制作，则显示出了当初的渔猎水平与农耕文明。多次考古发现同时说明，最迟在东周时期西塘河已经是一条极为重要的交通要道。西塘河遗址相继被列为吴县文物保护单位和苏州市文物保护单位。

如果说古五龙桥和西塘河遗址昭示了龙桥之历史悠久，那么与西塘河一脉相承的澹台湖、石湖和京杭大运河则在见证龙桥悠久历史的同时，为这一方土地平添了诸多的灵动与秀美。

原西塘河经五龙桥往南数十米就与宽阔的澹台湖相连接。澹台湖相传因孔子弟子澹台灭明南游至吴国结庐修学而得名。据说，当年这里原为陆地，后遭地陷而成湖，人们便称之为澹台湖。唐代《吴地记》这样记载："澹台湖，在吴县东南十里。孔子弟子澹台灭明，字子羽，宅陷为湖……" 20世纪六七十年代，澹台湖曾围湖造田，后一大部分又退耕还湖。横跨澹台湖南北建有长达317米的53孔宝带桥（2001年6月被列为全国重点文物保护单位），东为京杭大运河江南运河段，往西连通石湖。《苏州山水志》载，澹台湖"西通石湖，东过宝带桥入江南运河。1997年，水域面积1.96

平方公里。2005年，水域面积2.55平方公里，湖底高程0.7米，水深2.2米”。历史上，澹台湖波光潋滟，水草丰茂，四周农舍萦绕，又与宝带桥、京杭大运河相连，往西直通石湖，不远处与苍翠的七子山相映照，可谓风光旖旎，钟灵毓秀，又不乏人文气息。

说到世界文化遗产京杭大运河，更是让人惊叹不已。是京杭大运河的开凿贯通，把曾偏于江南的苏州推到了全国经济文化的中心位置，成就了苏州千年的繁荣富饶。

开凿于隋朝（605）的京杭大运河，北自涿郡（今北京），南至余杭（今杭州），全长1440余公里，流经今河北、山东、江苏、浙江四省，沟通海河、黄河、淮河、长江、钱塘江五大流域。工程之浩大，令世界瞩目。其中苏州段为春秋时代吴王夫差开挖的江南运河。大运河的开凿，加强了南北经济、社会与文化的联系与交流，成为贯通我国南北数千里的水上交通大动脉。对吴地而言，大运河的贯通，更好地沟通了吴地的水系，不仅使太湖的水资源得到了充分利用，有效改善太湖流域农田灌溉条件，遏止水土流失，而且有利于太湖水的宣泄，大大减少和避免了洪涝灾害，确保农作物的持续丰稔。苏州因此一跃成为“苏湖熟，天下足”“一郡丰收，可供数郡食用”的天下粮仓（《吴郡志》）。运河的开凿贯通，同时使苏州成了江南的水运中心，吴地的丝绸、茶叶、工艺品等等，沿着大运河源源不断地走向全国各地。京杭大运河还拉近了苏州的对外贸易，大量海外航船通过吴淞江和运河直泊苏州城下，姑苏城内外的商户得以直接与外商进行交易，由此进一步促进了吴地经济的繁荣发展。唐代诗人杜甫“云帆转辽海，粳稻来东吴”和杜荀鹤“夜市卖菱藕，春船载绮罗”的诗句，形象而又真切地描绘出了当时吴地商贸发达、物阜民丰的繁华景象。

江南运河原位于龙桥东侧，至20世纪80年代中期，为减轻通往苏州护城河河段的繁重运输，改道从枫桥经横塘，至澹台湖，直接进入京杭大运河。改道而行的运河新航道，把龙桥社区直接拥入了大运河的怀抱。如今，依偎在大运河怀抱中的龙桥人，头枕运河，每天与南来北往的舟楫为伴。龙桥由此进入了“新运河时代”。

运河新航道往北连通苏州城西浒关、望亭，向着长江、北京而去，往南连通吴江，直奔嘉兴、杭州。奔流不息的大运河犹如一条轻盈的绸带，在五龙桥南端往复飘曳，让美丽多姿的龙桥越发妩媚动人。

京杭大运河，是中华民族当之无愧的母亲河，千百年来，她滋养着运河两岸千千万万的中华儿女，给予中华民族伟大复兴以巨大的力量。2002 年，京杭大运河被纳入“南水北调”东线工程。2014 年 6 月 22 日，京杭大运河以“中国大运河”之名被第 38 届世界遗产大会批准列入世界文化遗产名录，成为我国第 46 项世界文化遗产，紧邻运河的宝带桥，则成为大运河文化遗产的一个重要遗产点。2017 年，习近平总书记在视察运河时指出，大运河是祖先留给我们的宝贵遗产，要统筹保护好、传承好、利用好。可见京杭大运河的重要历史地位和在当代经济社会发展中的独特价值。

运河之水奔腾不息。她带走了“渔火”，却留下了真情。张继的不朽诗作依然在一代一代地传唱。惠泽于江南山水与运河滋润的龙桥人，正踏着时代的韵律，昂立在五龙桥头，融合着西塘河的文明余脉，秉持吴地人的勤劳聪慧，以改天换地、沧桑巨变的进取姿态，敢破善立，初心永驻，谱写社会主义建设的崭新乐章。

运河启盛。这，同时是龙桥发展的写照。

2. 水乡农业学大寨的一面旗帜

龙桥大队因五龙桥得名，而以“农业学大寨”闻名大江南北。“敢破善立”的龙桥精神，就是在20世纪60年代中后期这场轰轰烈烈的农业学大寨的时代洪流中孕育生成。

农业学大寨运动，产生于我国20世纪五六十年代社会主义建设探索时期。在经历了1959—1961年三年经济困难时期，我国粮食严重短缺，农副业产品大幅度减产，人民生活极度困难。1961年初，中共中央八届九中全会召开，会议决定对国民经济实行“调整、巩固、充实、提高”方针，即国民经济调整八字方针。其调整，就是要调整国民经济各方面的比例关系，其中突出的是要调整农业的比例关系，提出大办农业，发展农业生产，提高粮食产出。1964年2月9日，全国农业工作会议召开，会上山西省昔阳县大寨大队交流介绍了他们自力更生，艰苦奋斗，根据山区特点，因地制宜，开垦梯田，战胜穷山恶水，夺取粮食丰收的做法和经验。次日，《人民日报》发表了《大寨依靠自己的力量同穷山恶水做斗争》的长篇通讯，详细报道了大寨大队的典型事迹，同时配发了《用革命精神建设山区的好榜样》的社论。不久，毛泽东向全国发出了“农业学大寨”的号召。从此，全国各地农业战线迅速掀起了学习大寨、大办农业、大力发展农业生产的热潮。根据毛主席的号召和全国、省农业工作会议精神，吴县县委认真学习，积极部署，于4月5日召开县、公社、大队三级干部大会，县委主要领导做了题为《关于认清形势，发扬革命精神，开展比学赶帮，为夺取今年农业生产更大更全面的丰收而斗争》的报告，进一步明确全年农业工作的目标任务，提出发扬“自力更生，艰苦奋斗”的大寨精神，奋力夺取全县农业生产大丰收。与此同时，相继组织县、公社、大队三级有关领导干部赴大寨等农业先进地区和单位参观学习，组织干部群众广泛学习《大寨之路》《大寨人的故事》等宣传材料，一个“比学赶帮”的农业学大寨运动在吴中大地蓬勃展开。

农业学大寨，为龙桥大队在社会主义建设时期发展农业生产、摆脱粮食短缺、提高农业产出指明了前进方向，注入了巨大动力，焕发出冲天干劲。自1964年下半年起，至20世纪70年代末，在这十多年的时间里，龙桥大队的干部群众响应党中央、毛主席的号召，高举农业学大寨旗帜，坚持走社会主义道路，全面贯彻落实农业“八字宪法”，发扬“自力更生、艰苦奋斗”的革命精神，以“改天换地”的顽强斗志和“苦干、实干加巧干”的科学态度，根据苏南水网地区的气候条件，因地制宜，因时而为，破旧立新，大胆尝试，不断改革农业耕作制度，积极探索农作物的生长规律，着力推广农业新品种，扩大双季稻种植面积，变革传统的稻麦种植两熟制为三熟制，并率先百分之百实现稻麦三熟制、亩产超过一吨（2000斤），实现了农业持续高产丰产，创造了农业学大寨的“龙桥经验”，成就了“敢破善立”的“龙桥精神”，成为苏南地区乃至全国农业先进单位，被誉为江南水乡农业学大寨的一面旗帜。

农业学大寨运动，首先极大地鼓舞和激发了龙桥大队干部群众大办农业、大办粮食，努力改变贫穷落后面貌的冲天革命干劲。历史上龙桥大队人多田少，在当地属于贫困大队。全大队共有八个生产队1268人，耕地面积1075亩，人均0.84亩，其中烂田和旱地占了118亩之多。因人多田少，加之部分开垦的耕田（即烂田）质量差，每年的粮食需要由国家统筹。怎样改变农业生产的落后面貌，提高粮食产量？在农业学大寨一开始，龙桥大队党支部以党的农村工作方针为指导，坚持白天劳动，晚上组织学习大寨先进事迹。同时，联系龙桥实际，展开深入讨论：学习大寨，龙桥怎么办？通过学习讨论，统一了思想，提高了认识，凝聚了力量，增强了信心。各个生产队纷纷表示，要以大寨为榜样，发扬自力更生、艰苦创业精神，向土地要粮食，改变贫穷落后面貌，努力为国家多做贡献，并且响亮地提出:“大寨人能做到的，我们龙桥人也能做到。”于是，很快在整个龙桥大队形成了学习大寨、大办农业、大干快上、比学赶超的生动局面。

在轰轰烈烈的农业学大寨运动中，龙桥大队在苏南农村同样的生产条件下一举脱颖而出，成为农业生产的先进典型，主要来自三方面：一是以敢为人先、敢想敢闯的勇气和胆识，率先打破传统的农业耕作模式，成功探索出稻麦三熟制连年丰收的种植规律；二是依靠在这探索过程中焕发出来的艰苦创业、顽强拼搏的奋斗精神；三是有一个带领广大干部群众团结战斗、攻坚克难、奋勇前进的领导班子。

向土地要粮食，人多田少的龙桥大队把粮食增长的目光投向了脚下的这片土地，提出:“要在八分地上争贡献，一亩当作两亩用。”在确保三麦和单季稻丰产的基础上，他们开始尝试扩种双季稻，改稻麦两熟为稻麦三熟。苏南地区最早试种双季稻始于20世纪60年代前后，但由于品种和管理等因素制约，双季稻的种植产量并不很高，没有形成明显优势，由此，各地对种植发展双季稻的热情不高，双季稻种植没有得到有效的推广。20世纪至60年代中期，在全国农业学大寨的鼓舞和推动下，苏南地区兴起了新一轮双季稻种植高潮。龙桥大队凭借农业学大寨的强劲东风，以敢闯敢试的开拓创新精神，率先开启了大面积种植双季稻的探索之旅。

1965年，是龙桥大队学大寨、扩种双季稻的第一年，种植面积由1964年的60多亩一下扩大到414亩。大面积扩种双季稻，首先碰到的困难是“三个紧”，即季节紧、茬口紧、劳力紧，特别是劳动力和季节性的矛盾更为突出。在通常情况下，稻麦三熟的全生育期需要16个月左右，短的也要13个月，而一年只有12个月。如何解决稻麦生长期这个矛盾？龙桥大队通过反复研究，决定从水稻作物品种及其育秧着手。在种植前季稻时，他们首选早熟品种“矮南早一号”作为试验。为实现春寒秧苗早发，他们采用室内育秧和尼龙育秧两种方式，培育壮苗，减轻了早春霜冻、低温对作物的影响，加快了秧苗的生长期。在种植后季稻时，选择了适应性较强的中粳品种“农垦 57 号”，从而较好地解决了季节紧、茬口紧的矛盾。当年，前季稻单产达 777.2 斤，后季稻单产达 679.7 斤。在接下来的几年时间里，龙桥大队进一步探索实践，先后试种了几十个不同成熟期的品种。由此得出：合理布局不是一成不变的，需要根据种植情况的发展不断优化品种结构。如前季稻可扩大不易落粒、秧龄适应性广、耐肥高产的中熟品种“矮南早 39”，以它为主，搭配耐肥高产的早熟品种“矮南早 1 号”；后季稻宜扩大耐肥高产的中粳品种“矮脚桂花黄”和晚粳稻；夏熟作物采用“米麦 757”（元麦）和“扬麦 1 号”（小麦）等耐肥高产品种为佳。在历经了近百次的对比试验，最终找到了稻麦三熟合理布局的规律，形成了由品种单一化发展为多品种合理组合，由纯晚熟品种发展为不同成熟期的品种搭配应用，为大面积种植双、三熟夺取高产创造了有利条件。

为了全面解决双季稻种植“三个紧”的矛盾，实现粮食高产稳产，龙桥大队充分发挥农业技术队伍的作用。在上级科技部门的指导下，建立起了大队、生产队两级农业科技网络，成立由大队、生产队干部群众和农技员三结合组成的科学实验小组进行科学试验。除了抓好品种和茬口布局之外，科技人员从育秧、施肥、灌溉到水稻的中后期管理进行了一系列的科学试验，逐步掌握了农作物的生长规律。如育秧总结出了“足苗、适龄、壮秧”三要素。在水稻生长期施肥方面，提出要看苗追肥，普施穗肥。其中，针对前季稻普遍穗数不足、瘪粒多、千粒重低等情况，围绕足苗、早发争穗多、中稳后健争实粒的目标，组织成立植保专业队伍，做好水肥管理和病虫害防治。围绕水稻后期生长，形成了浅水灌溉、适时搁田和推广“养老稻”的管理经验。从而摸索出了一整套双季水稻高产的生长规律。

双季稻的种植季节性特别强，尤其是受到气温的影响，有时候种植相差一两天，粮食产量会相差很大。所以一般认为，双季稻种植面积应控制在30%左右。要想大面积推广双季稻，除了要在技术上解决茬口紧等布局结构性矛盾外，如何突破劳力和季节这对矛盾显得尤为重要。对此，龙桥大队党支部认为，关键在于人，关键在于把人的劳动生产积极性调动起来。双季稻种植的一个十分重要的节点在于前后两季之间，两季之间的时间把握好了，也就丰收在望，掌握了生产的主动权。而这前后两季之间，就是人们常说的“双抢”季节。“双抢”，就是要一着不让，争分夺秒，抓紧抢收抢种。

时间就是粮食！每当“双抢”到来之际，龙桥大队就召开全大队“双抢”誓师动员大会，提出“革命加拼命，一天当作两天用”。“双抢”期间，又是一年之中的最高温季节。为了赶时间、抢季节、夺丰收，龙桥大队干部群众冒酷暑，顶烈日，天天起早摸黑，夜以继日，甚至通宵达旦，拼命抢收抢种。一个“双抢”下来，几乎人人都脱下一层皮，瘦掉一圈肉，但没有一个叫苦，没有一个叫累的。大家发扬“革命加拼命”的精神，人人出大力、个个流大汗，争先恐后，誓夺粮食大丰收。在当地流传这样一句话：“龙桥人是最能干，也是最能吃苦的。”上苍总是眷顾勇于吃苦、勇于拼搏的人。在全体干部群众的艰辛努力下，连续数年，前季稻亩产达到800斤左右，后季稻也喜获丰收，实现了水稻年年种，粮食季季高。龙桥人硬是用战天斗地的革命精神和吃苦耐劳的顽强意志，一天当作两天用，一年干两年的活，破解了劳动力和季节性紧的矛盾，为全面推行双季稻杀开了一条血路。1968年，全大队三熟制亩产达到1818斤。1969年，率先实行百分之百种植双季稻，稻麦三熟平均亩产1906斤，其中前季稻亩产

773.4 斤，后季稻亩产 810 斤。龙桥大队全面实现农业三熟制生产，打破了当时流行的双季稻种植不超过 30% 的说法，引起了农业科研部门的关注。1969—1970 年，江苏省农科院副院长、水稻专家陈永康专门来到龙桥大队，总结、传授水稻栽培技术，指导农业生产。这使龙桥大队双季水稻栽培技术更趋科学成熟。1970 年，龙桥大队稻麦三季总产量超过了 1 吨。1971 年，三季亩均产量达到 2146.9 斤的历史最高水平。其总产比解放初期增加了五倍多，较 1964 年农业学大寨之前增加了一倍以上，一年向国家缴了两年的商品粮。

粮食连年大丰收，集体储备逐年增多，社员收入不断提高。1970 年农民收入达到了历史最高水平，1971 年又比 1970 年增加 15% 以上。与此同时，龙桥大队以粮为纲，开展多种经营，实现林、牧、副、渔全面发展。广大社员群众从以前粮食不够吃，到家家有余粮，户户有存款。昔日的贫困大队，一跃而成为苏州地区农业的先进典型。

在回顾龙桥大队农业学大寨的战斗历程时，从当时走过来的老一辈无不动情地说，这是发扬大寨精神干出来、拼出来的。正是这种敢于拼搏的顽强斗志成就了龙桥农业学大寨的辉煌，铸就了“敢破善立”的龙桥精神。自力更生、艰苦奋斗、敢闯敢试、顽强拼搏的精神，贯穿了龙桥大队农业学大寨的全过程。

20 世纪 60 年代初，龙桥大队的农业基础设施较差，严重制约了农业生产发展，多年来困扰龙桥的数十亩“烂田”，就是因为地势偏低，排水不畅而造成的。为改变传统落后的农业生产面貌，龙桥大队高扬大寨人艰苦奋斗、改天换地的革命精神，利用冬季农闲时节，大搞农业水利建设，大力改善农田基本设施，高标准建设农业丰产方。先后修筑了长达 3 里的防洪堤，开挖了 6 里长的排灌新河道，建造机房 3 座、套闸 1 座，铺设地下渠道6200米，逐步完善沟渠配套。每年农田水利基本设施建设土方6至8万立方米。经过多年的持续努力，全大队1000多亩农田实现了“田成方、渠成行”，原来的烂田变成了“丰产田”。

随着农业学大寨的深入，双季稻种植面积的扩大，肥料的需要量越来越大。肥料从哪里来？深谙“百担肥，千斤粮”的龙桥人响亮地提出：“穷山恶水难不倒大寨人，肥料不足难不倒龙桥人！”“大寨有山，龙桥有水，大寨开山夺粮，我们向水要肥！”为改变各生产队肥料不足的状况，龙桥大队因地因时制宜，罱河泥、割青草、养猪羊……每到冬季，大队党支部就向全大队发出“大罱河泥，大积肥料，力争大丰收”的号召，各生产队迅速掀起冬季积肥高潮，即使遇到零下五六摄氏度的冰冷天气，也毫不松懈，坚持破冰积肥。真可谓冰天雪地，挡不住龙桥人战天斗地的坚定脚步。为确保肥料供给和粮食高产丰收，龙桥大队自力更生，敢为人先，大胆尝试放养水花生。水花生是一种产量高、用途广、成本低、肥效好的水生植物。龙桥大队利用龙桥村旁的西塘河120多亩水面，大面积放养水花生，每亩水面收成23万斤，主要用来解决后季稻的基肥，每年用水花生积几十万担草塘泥，保证了每亩每熟基肥在80担以上。之后，放养水花生用作肥料在苏州各地农村迅速推广。先人一拍放养水花生，成了龙桥大队发展农业生产的又一个创举。由于基肥施足，追肥增加，确保了增产。“双抢”期间，争分夺秒连轴转，轻伤不下火线抱病劳动抢收抢种，更是凝聚起了龙桥人顽强拼搏的意志和力量。

在农业学大寨的道路上，龙桥大队步子大，成效显著，很重要的一条经验，就是有一个坚强团结的领导班子，有一个好的党支部。在学大寨改天换地的艰苦岁月里，龙桥大队全体领导班子和党员干部始终身先士卒，破私立公，带领社员群众艰苦奋斗，大干快上。他们不断学习，以科学的思想武装头脑，高举水乡学大寨的红旗，密切联系群众，充分调动广大群众的生产积极性，与社员们风雨同舟，同甘共苦，发挥了坚强的战斗堡垒作用。党支部一班人分头下沉到生产队蹲点指导，挑担挖泥，重活累活，样样带头干，处处抢在先。1970 年代初的一个隆冬，北风呼啸，气温低达零下六摄氏度，但大队农田水利建设进入了关键时刻。是等天气转暖后再干，还是一气呵成继续干下去？两委会班子商量决定：不畏严寒，继续战斗，尽快建设好水利工程。在水利工地现场，领导带头赤脚跳到河里，取挖淤泥。榜样，就是无声的命令！看在眼里的社员群众也一个个争先恐后地跟着跳下河，热火朝天地干了起来。

心里想着集体，装着群众，成绩面前不骄不躁，把荣誉和成绩作为继续进步的起点。随着龙桥大队的知名度和影响力的一步步提高，上级领导来得多了，前来参观学习的人一批接一批，一项项荣誉接着而来。面对成绩和荣誉，班子成员非但毫不沾沾自喜，反而严于责己，带头斗满（足）反骄（傲），发扬继续革命的精神，把成绩当作新的起点，始终站在生产第一线，以共产党人的赤胆忠诚，敢作敢为，栉风沐雨，埋头苦干，为夺取农业持续丰收、为不断提高社员群众的粮食和分配收入尽心尽责、不懈奋斗。

在龙桥大队流传着这样三句话："干部带好头，社员有劲头，胜利在前头。"在大队党支部的坚强领导和带领下，广大党员、共青团员、农业技术员以及青年突击队、妇女突击队、民兵突击队也都冲锋在前，百折不回。闻名遐迩的"龙桥铁姑娘班"就是这样的一个突出典型。这支由第一生产队 20 名女民兵组成了突击班，开灰潭、挑河泥、开船罱泥，样样活与男社员抢着干。她们经常天不亮就赶到 20 里外的山上割草，直到天黑才回来，不少人脚上磨出了泡。每逢"双抢"季节，更是哪里有重活，她们就在哪里干，哪里有困难，她们就往哪里冲。在前季稻室内育秧期间，农技员们常常连续一个星期不休息，一丝不苟，守在苗床边细细观察秧苗的生长，困了就在苗床旁打个盹儿……正是这些辛勤的劳动和忘我的付出，为龙桥大队双季稻的种植赢得了发展机遇、奠定了坚实基础。

龙桥大队艰苦奋斗，大胆创新，成功探索水网地区双季稻种植规律，粮食产量连续获得丰收的事迹，引起了各级党委、政府的高度关注和充分肯定，成为苏州地区农业学大寨丰产高产的先进典型。自 1968 年起，苏州专区和吴县多次在龙桥大队组织召开农业学大寨或农业生产现场会，学习龙桥大队大办农业、夺取农业高产的大寨精神。1969 年 10 月 31 日，《人民日报》发表了《水乡学大寨的一面红旗》的长篇通讯，详细介绍龙桥大队响应党中央、毛主席的号召，发扬大寨精神，向生产的深度和广度进军，根据江南水乡特点，把一季水稻改为双季，使一年两熟变成三熟。学大寨以后的粮食总产量，比学大寨以前增长 42%。被人们称为‘水乡学大寨的一面红旗”。

之后，龙桥大队水稻高产种植经验在苏南地区全面推广。“学大寨，学龙桥”成为当年江南水乡农村的一个响亮口号，由此吸引了来自全国各地的农业代表团来龙桥参观、学习和考察，同时还赢得了众多外宾前来参观。1970 年，中央新闻纪录电影制片厂专门为之拍摄了一部题为《大寨之花遍地开》的专题片，真实地记录了龙桥人农业学大寨热火朝天的劳动景象，生动地反映了龙桥人敢想、敢做、敢闯的革命精神及其时代气息。同年 12 月 31 日，《人民日报》在头版重要位置再次发表《江南高产地区学大寨的一个榜样——吴县龙桥大队调查报告》，介绍龙桥大队在学大寨中全面推广双季稻种植、获得粮食大丰收、农民物质条件提高之后，克服骄傲自满情绪，破除“高产到顶”的思想认识，发扬继续革命精神，持续不断开创新路，于1969年百分之百种植双季稻的基础上，1970年再度取得粮食大面积高额丰产，全大队粮食产量亩均超过2000斤，成为江南高产地区学大寨的榜样。文章同步在中央人民广播电台播出，这在全国引起了更为广泛的影响。1972年，龙桥大队应邀出席全国科学技术工作会议，并做了题为《科学种田越种越甜，一年三熟季季高产》的交流发言。1973年2月，《龙桥大队双、三熟制的高产经验》一书由农业出版社出版发行，全书分六个部分，系统总结介绍了龙桥大队种植双、三熟制的高产经验，使龙桥经验得以广泛传播。1976年，在持续丰收的基础上再创新高，达到了稻麦三熟亩产2524斤的纪录，全年粮食总产量达242.14万斤，集体收入和社员生活水平进一步提高。由此，推动了农业机械化的发展。1977年12月，龙桥大队被江苏省人民政府命名为“江苏省第二次农业学大寨大会先进集体”。在1978年7月国务院召开的全国农田基本建设大会期间，国务院副总理纪登奎、陈永贵及与会代表视察了龙桥大队的农田水利工程。是年，龙桥大队发展双三熟制的合理品种布局和高产稳产技术获全国科学大会奖。

1965—1977年龙桥大队粮食产量一览表

年份	三麦		前季稻单产（斤）	单后季稻单产（斤）	全年稻麦单产（斤）	全年粮食总产量（万斤）	完成粮食购销（万斤）
	单产（斤）	总产（万斤）					
1965	313.1	16.21	777.2	679.7	1510.1	146.98	
1969	320.1	16.3	773.4	810	1903.5	174.03	76.67
1970	384.3	19.56	847.6	772.2	2004.1	185.48	76.78
1971	641.2	34.82	855.5	736.3	2146.9	199.01	79.05
1972	641.4	31.75	921.1	644.2	2174.3	199.94	74.31
1973	402.4	19.92	1005.7	778	2040.7	216.77	91.06

·续表·

年份	三麦		前季稻单产（斤）	单后季稻单产（斤）	全年稻麦单产（斤）	全年粮食总产量（万斤）	完成粮食购销（万斤）
	单产（斤）	总产（万斤）					
1974	707.5	35.02	1025.6	819.5	2403.8	223.77	87.38
1975	634.7	31.42	1031.1	829.6	2345.9	224	81.50
1976	719.4	36.71	1053.5	903.8	2524	242.14	93.29
1977	335.8	16.62	1058	769.7	2010.7	204.18	70.90

注：1977 年遭受自然灾害，粮食产量有所下降。

产生于 20 世纪 60 年代我国社会主义建设时期的农业学大寨，可以说是我国农业战线上的一场思想解放运动，它把人们从传统农业生产的思想禁锢中解放了出来，焕发出了“改天换地”的巨大能量，激发起了人们认识自然、改造客观世界的主观能动性。正是这场农业学大寨的思想解放运动，点燃了龙桥人“敢破善立”的革命火花及其首创精神。不满现状，渴望变革，勇于探索，敢于创新，这似乎是龙桥人特有的一种精神。这种精神特质的形成，或许与龙桥所处的地理环境有关。得名于五龙桥的龙桥大队“五水合流”，自古以来就是一个活水码头。过去人们出行主要靠水路，从浙中、浙北、吴江以及吴县西南部到达苏州，大多从西塘河出入停靠，龙桥集镇上常年人来人往，信息灵通。这使当地人的思想比较开放、比较活跃，对于新生事物较为敏感，容易接受。而五龙桥得名于五龙戏水腾挪之传说，则又赋予了龙桥人龙腾虎跃之精神追求，突出的表现为：敢于争先，勇当龙头。中华人民共和国成立初，龙桥在当地第一个成立基层党支部，在社会主义农业合作化运动中，龙桥又率先走上农业合作化道路，成立了长桥境内首个农业高级合作社。当轰轰烈烈的全国农业学大寨高潮兴起之际，勇于争先的龙桥大队自然希望走在时代最前

敢叫龙桥换新貌

列，以破旧立新的勇气锐气，突破传统的农业耕作模式，成功种植双季稻，在率先百分之百实现稻麦三熟制、亩产超1吨之后，实现农业持续高产丰收，成为江南水乡学大寨的一面旗帜，引领和推动了全国农业学大寨的深入开展。同时，催生并奠定了“敢破善立”的龙桥精神。

二、龙桥精神的成熟：改革开放时期

改革开放以来，尤其是伴随着吴中区（县、市）城市化进程，龙桥社区逐渐从农村走向城市，龙桥人也由传统的农民逐渐向市民转化。失去了千百年来农民赖以生存的土地，龙桥社区怎么发展？老百姓怎么生活？面对这两个问题，社区党委一班人拿出了农业学大寨时期发展农业生产的那股冲劲拼劲，以“敢破善立”的精神，以心怀群众的初心，大胆解放思想，冲破小农经济思想束缚，顺应时代潮流，主动融入城市发展进程，不断创新集体经济发展模式，走出了一条“与城市共成长”的新龙桥之路。如果说“初心铸魂，敢破善立”的龙桥精神孕育于20世纪60年代农业学大寨的人民公社时期，那么可以说是改革开放的春风沐浴，让龙桥精神再度青春焕发，不断迈向成熟，书写出了新的辉煌篇章。

1.“农转工”，催生首个省级集团

1978年12月，中共中央第十一届三中全会胜利召开，从而拉开了中国改革开放的序幕，十一届三中全会以来，党的工作重心逐渐转移到了经济建设上来，各项改革有序推进。1983年，农村实行家庭联产承包责任制，使得苏南大批农村剩余劳动力从土地的束缚中解放了出来，逐渐向工业、副业、商业等非农业生产领域转移。通过横向联营发展乡镇（村）工业，发展壮大农村集体经济的苏南模式横空出世，扑面而来，成为20世纪八九十年代中国农村改革最为亮丽的一道风景。

农村集体可以办企业，农民也能当工人，甚至当厂长，成为企业家。面对苏南模式这一新生事物，龙桥人心潮澎湃，热血沸腾，看到了农村集体经济发展的新希望。他们顺应时代潮流，依托近靠苏州城区的地理优势，特别是吴县新城区的建设契机，于20世纪80年代前后迅速开启了“农转工”的发展新征程，通过创办乡村企业，组建村级企业集团，提升企业规模和质量，走上了一条发展集体经济的新道路。

龙桥大队（1983年更名龙桥村）村办企业起步于20世纪70年代

前后，至70年代中期办起了“三厂一场”，即一个农机修配厂、一个粮饲加工厂、一个小型化工厂和一个水泥预制场。但是，有计划、有规模地发展村办企业，则是在改革开放之后。20世纪80年代进入了快速发展期。

怎样从传统农业转向办工业？龙桥大队一方面派一些头脑活络的人走出去学习取经，一方面组织人员四处奔波，横向拉项目、建分厂，他们把横向联营的目标放在苏州、上海。不久，便与上海镀锌铁丝四厂达成合作办厂意向，经过多次洽谈，建起了上海镀锌铁丝四厂龙桥五金分厂，为上海方面作配套服务。为了解决生产技术问题，一方面从上海等地请来了“星期天工程师”，一方面派出工人外出学习生产技术。渐渐地企业走上了正常生产。之后，相继建起了苏州市江南皮鞋厂、吴县东吴绒粉工艺厂、吴县龙鑫铝合金装潢厂、吴县龙桥宏浩彩印包装厂、吴县奔城电源厂、吴县东吴砂洗厂、吴县新区并铁厂、吴县城龙汽车修配厂、吴县毛麻纺织机械专件厂等企业。同时，根据吴县新区的建设发展和城市配套服务，创办了吴县东吴建筑公司、吴县龙桥工程队以及吴县长桥镇龙桥综合商店、华龙饭店等服务类企业。至1985年，村办企业达到了15家，产值317.09万元，实现销售收入228.4万元。1990年，产值达到了1409.23万元。1994年，产值跃过亿元大关，达10737万元，实现销售收入8545万元，利润618.47万元。村办企业职工总数超过了500人。其中，创办于1988年的吴县市龙桥经济发展公司，业务增长较快，1994年实现销售8750万元、外贸出口3000万元，成了一家骨干企业。

至20世纪90年代中期，龙桥一共办起了18家企业，成为当时长桥乡村办企业最多的一个村，在吴县也有一定的名气，可以说是领跑了当地村级工业经济的发展。至1995年，龙桥集体自有资金达到了4000多万元，这在当年村一级经济可说是一个巨大的数字。但从整体上讲，这些村办

星火技术区门楼

企业的规模普遍较小，产品的档次也不是很高。

怎样打破乡村企业小打小闹的固有局面？使乡村工业走上规模化发展道路，同时对各村办企业实行有效管理，推动村办企业健康持续发展。村党支部通过市场调研、反复研究后决定：依托龙头企业吴县市龙桥经济发展公司，把一些主要的村办企业集中起来，组建一个村级企业集团，并且定位在省级企业集团。当时部分企业负责人有些不同的想法，认为这是想剥夺他们的经营管理权。于此，支部领导一一做耐心解释，说明组建集团对企业发展、对村级经济发展的好处。统一思想认识后，便开始组织材料，做好申报工作。

1995 年 11 月 2 日，是龙桥人值得纪念的日子，江苏龙桥集团公司经江苏省经济体制改革委员会批准成立。这是当时吴县第一个村一级的省级企业集团。龙桥人又一次以“敢破善立”的龙桥精神，创造了吴县乡村企业集团化发展的纪录，具有里程碑意义。江苏龙桥集团公司集农、工、商、贸为一体，是一个综合性经济实体和控股公司，注册资本4200万元，职工300人。企业经济性质为集体所有。集团以吴县市龙桥经济发展公司为核心，旗下有19企业，其中苏州市江南皮鞋厂、上海镀锌铁丝四厂吴县龙桥五金分厂等6家为紧密型企业，苏州新瑞印花纸有限公司等3家为半紧密型企业，另有10家松散型企业。龙桥集团公司成立后，按现代企业管理模式实施经营管理，发展良好。至2000年，完成工业产值9701万元，完成销售8441万元，实现利税1500万元，利润较成立之时接近翻了一番。集团固定资产达5000余万元，流动资金保持在400万元左右。龙桥集团的组建运营,有效地整合和优化了龙桥村的工业经济资源，推动了村办企业的健康发展。

在此期间，龙桥抓住随着改革开放的深入吴县本土特色产品在国际市场上热销的契机，创办了吴县龙桥工艺绣品厂、苏州市华盛纺织装饰品公司等，一方面进一步扩大村办企业的经营面，另一方面积极把本土的工艺品推向国际市场，实现创汇创收。其中，创办于1998年的吴县龙桥工艺绣品厂，主要经营刺绣、缂丝、和服腰带、韩服腰带等，在东南亚地区拥有一定的市场，经济效益较好。至2000年，龙桥村办企业总产值达16038万元，实现销售收入14087万元，增加值3305万元。

从首个乡村企业的落地，到省级集团的诞生，记录了龙桥20多年乡村工业的发展历程，为吴县乃至苏州乡村企业的集约化、规模化经营以及现代企业制度的建立提供了经验和借鉴，同时从一个侧面反映出了苏南乡镇工业发展的基本面貌及其走向——从单个企业小打小闹，到集团化、规模型发展。组建成立龙桥集团另一个十分重要的意义是，有效地避免了农村集体资产的流失，使龙桥村里的集体资产得以保值增值。进入20世纪 90 年代中期，苏南乡镇（村）企业出现了一个转制热，不少乡镇（村）办企业纷纷实行转制。而掌控在龙桥集团手上的村办企业无一转给私人经营。这笔由集体经营积累的资金，为龙桥未来的发展积蓄了极其可贵的资本和力量，推动了龙桥集体经济在新一轮发展中驶上快车道。

2.“攀高枝”，融入城市发展进程

龙桥社区地处吴中城区中心区域，充分见证了吴中城区城市化发展进程。现社区办公地点位于太湖西路东端东吴电视台旁，离城区中心道路东吴北路不足 200 米，距吴中区人民政府行政楼仅 500 米之遥。在城市化进程中，原龙桥村的居民住宅和农田基本被城市发展所征用。随着吴中城市化的推进和“退二进三”步伐的加快，龙桥人审时度势，加快产业转型，主动融入城市发展进程，由原来较低端的二产逐步转型为发展中高端的三产服务业，以涉农社区的发展优势和有所作为的积极姿态，参与吴中城区建设，并在参与城市建设中拓展壮大集体经济，实现了村级经济的持续健康增长。

吴中（县、市）城区的规划建设起步于 20 世纪 80 年代中后期。1984 年起，吴县人民政府决定在长桥乡北部龙桥村设立吴县新区。1986 年拟设立吴县新区的苏州市总体规划获国务院批准，规划面积 6.94 平方公里，龙桥村全部涵盖其中。1988 年 8 月，吴县人民政府《关于上报吴县新区总体规划的报告》获苏州市人民政府批准，随后开始大规模建设。两年后，吴县（市）城区再次向长桥镇（街道）的东南部扩容。2001 年 2 月，苏州市区划调整，吴县撤市建区，设立苏州市吴中区（北部为相城区）。从此，吴中城区进入了新的发展阶段。2013 年 9 月，批准成立苏州市吴中城区管委会，与长桥街道两块牌子、一套班子，实行合署办公。吴中城区的设立，吴中迎来了新一轮的城市发展。根据省、市批复精神，要求着力提升吴中中心城区首位度，围绕“苏州主城南中心”定位，加快“再城市化”步伐，精心打造“产城融合示范区”。2015年11月12日，江苏省人民政府批复同意在苏州市吴中区城区筹建江苏省吴中高新技术产业开发区，实现现行的省级高新技术产业开发区政策。2016年3月31日，吴中高新区挂牌成立。为助推全区经济社会高质量发展，2021年10月，吴中区委从发展全局的战略高度做出决定，正式推进“三区三片”综合改革，长桥街道由此调整为吴中经济技术开发区管辖。

在分享城市美好生活的同时，善于抢抓机遇的龙桥人迎来了参与吴中城区建设的新契机。随后，他们利用苏州市涉农社区“一村二楼宇”的政策优势和原经济载体被征用的补偿资金，以及集体经济的原有积累，积极投入吴中新一轮城市建设之中。用龙桥人的话说，这叫“攀高枝”——祖祖辈辈以种田为生的农民得以参与现代城市建设。而善攀高枝、巧借政策、力塑优美城市载体，这是龙桥人在探索发展集体经济道路上实现的又一跨越，也是“敢破善立”的龙桥精神在新时期的折射和体现。

在从传统乡村工业转型到现代服务业的历史进程中，龙桥社区（村）不失时机，科学谋划，不断夯实发展基础。早在20世纪80年代，龙桥就根据吴县新区的建设，创办了团结桥招待所（后更名为华龙饭店）和龙桥综合商店，为吴县新区作配套，但当时的主要发展方向是队（村）办工业。作为二产向三产服务业的自觉转型，则是在2000年前后，特别是近十多年时间。随着吴中城市更新步伐的加快，吴中城区积极实施“退二进三”“腾笼换鸟”政策，即拆除原低端的二产工业小区，建设高端的三产服务业载体，大力发展楼宇经济、总部经济，提出集体资产要由粗放低效的工业厂房向高收益、税源型商业楼宇转变。特别是2014年起，加快了“一村二楼宇”政策落实，对境内近数十万平方米的商业楼宇资产进行进一步优化，产业业态向商贸、餐饮、大型超市、商业办公等现代服务业转型。龙桥社区（村）顺势而为，抓住“产城融合”“退二进三”的发展机遇，大力推进产业结构转型和发展方式转变，集中资金发展与城市功能融合、空间整合的商业和现代服务业。20世纪末龙桥村的土地全部被征用后，代之建起了一些工业小区，而龙桥包括2003年并入的长桥、长渔两个工业小区共5万平方米的集体厂房均要求实施“退二进三”。龙桥社区以此为契机，在吴中区长桥街道旧城拆迁改造统一规划下，每年投入8000万元，先后拆除工业小区，建起了澹台湖大酒店、皇家金煦等高端服务业载体。目前，龙桥社区90%都是优质商业资产。同时，乘势而上抢抓“一村两楼宇”政策，创新集体经济发展模式，大力建设城市新型商业体。2004年投资3000多万元建造了建筑面积20000平方米的苏州广慈肿瘤医院，并于2007年开业运营；2006年投资9000多万元建造建筑面积40000多平方米的东吴水韵大酒店，于2008年底交付使用。仅这两个载体建设项目，每年就为社区增加1400多万元的收入。之后又投资建起了香雪海购物广场，年收益超过千万元。2018年，又投入3亿元开工建设了总建筑面积7万多平方米的龙桥大厦，现已落成，投入使用后预计每年可为社区贡献3000多万元的经济收益。这一系列的动作，彻底改变了龙桥社区的产业结构和资产质量。

对龙桥社区抢抓机遇、加快产业转型、发展壮大集体经济的成功实践，苏州市委政策研究室于2017年专门做了调研，给予了高度评价，指出：“自20世纪90年代开始，龙桥逐步转向发展服务业，就是抢抓了国家新型城镇化、苏州城乡一体化和吴中区快速城市化等重大机遇，乘好各类政策东风，充分放大自身区位优势、资源优势，实现借势借力发展。”揭示出了龙桥集体经济转型发展的一个重要因素，在于“牢牢把握发展的规律

东吴水韵

性、趋势性”。

龙桥社区顺应吴中城市化进程，发展现代服务业呈现出来的另一个特征是，着力建设与吴中“再城市化”发展水平相适应和城市节律相合拍的新型商业载体，不断拔高城市商业载体高度，共同塑造吴中城区美好形象。这一方面来自他们对土地资源的集约利用，如同农业生产时代向土地要粮食、要产出，如今向空中要空间、要资源；另一方面展示出了他们参与城市建设的视野眼界提升——以扮靓城市为新的追求。如位于迎春路的东吴水韵大酒店造型别致，外观漂亮，内部设施齐全，有 222 间客房，可同时容纳 500 人就餐，并配有健身房、会议室、保龄球馆等，为周边地区的居民和来到吴中城区的客人提供优雅舒适的服务，增添和丰富了城市的功能配套。而位于冬青路的龙桥大厦双子塔楼分别为23层和17层，错落有致，矫健挺拔。这两处建筑已成为吴中区东部的城市地标。在龙桥人眼里，“再城市化”就是要有新高度，“首善之区”就要展示新形象。城市化，不仅城市变新了，人的思想观念也变新了。城市，塑造文明，提升高度。

“攀高枝”，融入城市发展进程，打造新型城市载体，同绘吴中“城市更新，产业升级”锦绣蓝图，共塑魅力吴中美好城市形象，同步发展壮大集体经济，可谓是生于斯长于斯的龙桥人独特的情感彰显和使命担当。

3.“走出去”，异地发展开拓空间

迈入新世纪，吴中区的城市化进程进一步加速。地处“苏州新南城”的长桥街道，可以说是“寸土寸金”，尤其是在“再城市化”的发展背景下，其开发强度逐渐几近极限。而处在吴中中心城区核心区的龙桥社区，在发展道路上更是面临土地等资源的瓶颈制约，辖区内原有的一些工业小区已相继开发完成，发展空间捉襟见肘。那么，接下来集体经济怎么样发展，怎么样拓展新的发展空间？困难难不倒龙桥人！龙桥社区以“敢破善立”的智慧和勇气，在困难中找机遇、求生存、求发展。面对资源要素压缩现状，他们进一步解放思想，打破固有的思维定式，拓展发展思路，决定跳出龙桥社区，跨出长桥街道，到外面去寻找新空间。自此，跳出本土，异地开拓发展空间，扩张集体资产规模，成了新时期龙桥社区发展壮大集体经济的又一创新之举。龙桥社区由此成为吴中区长桥街道第一个“走出去”异地发展的涉农社区。

龙桥社区跳出本土异地发展，可追溯到2000年。当时集体出资2000万元购买了位于长桥镇南部邵昂村的115亩闲置土地，用于租赁，获取固定收益。如果说2000年龙桥社区（村）的对外收购，仅是“走出去”发展的最初尝试，那么，2009年斥资2200万元收购位于吴中大道168

号可琪鞋业有限公司 33 亩地块，则是一种明确的主动出击，标志着龙桥社区“走出去”发展战略的正式确立。客观上讲，集体经济发展到 2009 年，开发资源受阻严重，开始倒逼龙桥社区异地开拓发展。两年后，他们又投入 8000 万元将可琪鞋业地块建成 3.6 万平方米的香雪海购物广场。这一项目，不仅每年为社区带来 1000 万元的收入，还为当地带来可观的税源。可琪鞋业地块的成功收购与建设，为龙桥社区集体经济发展注入了新的活力，真正尝到了走出去发展的甜头。从此，龙桥社区异地收购一发不可收，而且手笔越来越大。2011 年，社区毅然斥资 9000 万元收购位于吴中经济技术开发区南湖路 18 号的三威集团公司地块，该项目占地 98.5 亩，厂房 27000 平方米；2012 年，投资近 1 亿元收购位于吴中经济技术开发区友祥路 5 号的苏州雅新针织服装厂，厂房面积 45000 平方米，占地达 53 亩；2013 年，先后斥资 3000 万元收购位于光福镇福聚路 9 号苏州润基塑业有限公司地块、斥资 2115 万元收购临湖镇和安路 6 号新可祺鞋业地块、斥资 2906 万元收购吴中经开区郭巷街道尹山路 99 号苏州荣礼电子有限公司地块，总投入资金超过了 1 个亿，收购土地共计七十余亩。

综观龙桥社区跨地区收购、异地发展集体经济的路径，呈现出从近到远，从内到外的发展轨迹。就启用收购手段发展壮大集体经济，龙桥先从社区周边开始，先后成功收购了南开大酒店、乾康大酒店等商业载体，这使他们积累了一定的经验。这些项目都是现成的建筑，处在城市商业中心，拿来后就可直接使用，省去了其中的建设周期，使资金投入的回报周期短、产出快，而且原产权方往往因经营转型或资金问题急于出手，具有较高的价格优势和资产升值空间。从跳出本土异地收购情况看，先是从龙桥社区辖区外的长桥街道范围内，而后拓展到吴中经济技术开发区、再到吴中区西部的光福镇、临湖镇以及东部的郭巷街道，而且投入的收购资金越来越大。截至目前，龙桥社区异地资产达到22万平方米，320亩土地，总投入资金达十个亿，年收益率逾5000万元。异地收购扩张发展空间，成了龙桥社区推动集体经济发展的强大引擎。

审时度势，跳出本土，异地发展，龙桥人又一次抓住新的发展机遇期。进入新世纪以来，特别到了2010年前后，市场环境发生了深刻的变化，产能普遍过剩，竞争愈加激烈。而随着产业结构的调整和产品的转型升级以及市场竞争的进一步加剧，好多产能落后或者资金短缺的企业难以为继，相继出现了一批濒临倒闭或欲变卖资产的企业。对市场始终保持高度敏感的龙桥股份公司经营决策层察觉到，这是突破资源瓶颈制约，拓展集体经济发展空间的一个极为有利的机遇。当然，机遇永远是留给有准备者的。对有资金而缺少开发资源的龙桥人来说，这是千载难逢的机遇。是机遇，就必须抓住！于是，在取得项目性价比最佳比较、并规避购入资产风险的基础上，上演了一幕幕高手频频出招的精彩亮相。抓住经济转型期腾出的土地资源空间，异地开辟集体经济发展新路径，这是“敢破善立”的龙桥精神的又一次生动实践。在这发展过程中，同时又不断地丰富了“敢破善立”的龙桥精神内涵。“敢破善立”的龙桥精神，就是在不断地实践、不断地突破、不断地发展中走向成熟。

4.“辟新路”，抱团发展壮大规模

如上所说，进入21世纪，特别是最近的十来年时间，我国经济在经历了改革开放三十多年高速增长之后，产能过剩、产品质量偏低、产业结构不尽合理以及资源、资金不足等矛盾进一步凸显，这就带来了席卷全国的供给侧结构性改革。同时，新经济环境中的高质量发展又将为市场提供新的机遇。回头看龙桥社区以及长桥街道集体经济的发展，随着区域“城市更新，产业升级”步伐的加快实施，一方面可供开发的资源越来越少，另一方面对于“产城融合”开发项目的品质和资金要求越来越高。面对这样的发展新态势、新要求，长桥街道单个社区的投资发展实力明显感到力不从心。如何破解新的经济环境中资源、资产、资金“三资”瓶颈，拓宽街道各社区村级经济发展空间，提高社区集体经济整体运营质量，长桥街道立足区域经济发展高度，审时度势，与时俱进，坚持以改革促发展，鼓励创新集体经济发展模式。在充分调研论证的基础上，出台了村（社区）级集体经济合作抱团发展的政策意见，并于2014年3月起，相继组建成立了长桥富民股份合作联社和长联置业发展有限公司，整合资源，共同发展，并以此作为新一轮村（社区）经济高质量运营载体，以合作联手作为经济发展的重要驱动，从而成功地走出了一条各社区抱团发展集体经济的新路子。

长桥富民股份合作联社，是以各社区股份合作社为基础组建而成。2003年11月，长桥街道为顺应吴中城区城市化发展，对原15个村实行合并，组建成立了龙桥、龙西、先锋、新南、新北、新家、蠡墅等7个社区。在这次村合并中，原龙桥、长桥、月浜、长渔四个村合并成立了新的龙桥社区。因7个社区其前身均为农村，所以常常称之为“涉农社区”。同时，以社区为单位，成立了7个农民股份合作社，利用原村级经济积累和各种政策优势，发展集体经济。由此，长桥街道成为江苏省第一个村村组建社区股份合作社的街道（镇）。2003年11月4日，《人民日报》以《苏州长桥农民持股进城》为题，专门做了报道，反响强烈。之后，分别于2005年、2009年增资扩股，鼓励农民入股。以长桥为代表的吴中区农村股份合作社的组建运行引起了市、省和中央有关部门的高度关注，被纳入全国农村股份合作社改革试点地区。时任国务院发展研究中心副主任韩俊多次带队来到吴中区调研，总结吴中区农村股份合作社的发展经验，并撰文指出："在快速工业化、城市化过程中，吴中区通过探索村集体介入农村建设用地开发，发展农民土地股份合作社和投资性物业股份合作社，让农民更多地分享土地增值收益，为农村的发展提供了巨额、持续的资金来源，是一条成功的经验。"进而又说，"引导农民走向新的合作与联合，是实现中国特色农业现代化一个重要课题。"

在长桥7个农村股份合作社中，龙桥社区股份合作社不仅经济实力最强，而且以一个个"第一"创造性地引领了区域农村股份合作社的发展。龙桥股份合作社成为长桥街道第一批股份合作社试点社区之一，第一个实施跨区域收购发展的社区，第一个集体经济收入超3000万元、5000万元、8000万元的社区，吴中区第一个股份分红超千万的社区……以龙桥股份合作社为试点，组建长桥富民股份合作联社，从15个到7个，再到一个"合作联社"，长桥街道在农村股份合作社的创新发展道路上一马当先。

2014年3月，由龙桥社区牵头，7个涉农社区共同出资4.5亿元，成立"长桥富民股份合作联社"，其中龙桥社区股份合作社出资1.35亿元，占30%股份。制订通过了《长桥富民股份合作联社〈章程〉草案》，选举产生了第一届股份合作联社董事会、监事会。按照章程规定，富民股份合作联社联合各社区股份合作社抱团参与市场竞争，经营范围包括合作开发、收购项目载体、房屋租赁、物业管理等，变各社区单打独斗为集体抱团发展。从而，开启了长桥富民股份合作联社联合发展、共同壮大村级经济规模的发展道路。

2014年4月，联社刚成立一个月，便以高达3.9亿元的巨资，出手收购位于吴中经济技术开发区天鹅荡路2号的友新实业集团200亩土地、17万平方米厂房的工业区，随后打造成具有特色的富民工业园，年租金收入3000万元。这一项目，极大地拓展了龙桥社区以及城区各社区集体经济再发展的空间。2015年3月，又组建成立了长联置业发展有限公司，与长桥富民股份合作联社实行两个牌子、一套班子，对外则以长联置业发展有限公司作为市场主体，负责项目运作，建立现代企业制度。2015年7月，长联置业投资4亿元收购4.49万平方米的吴中万达写字楼；2017年6月，以5450万元，收购位于吴中经济技术开发南官渡路28号地块，40亩地，建筑面积19578平方米；2018年10月，出资5000万元收购姑苏区胥江路8号地块，2.8亩地，建筑面积2701平方米；2019年3月，出资3809万元收购位于郭巷街道善兴路99号地块，25亩地，建筑面积10846平方米。2020年5月，跳出长桥街道，跨出吴中，到吴江收购通久泰企业项目，实现跨区域发展。该项目占地63亩，建筑面积4.95万平方米，出资10475万元。

成立股份合作联社，实行抱团发展，加快了集体经济的发展，大大拓展了集体经济的生存发展空间，尤其是突破了城市化给农村集体经济发展带来的资源制约瓶颈，开创了新的历史条件下集体经济可持续发展的又一新模式。同时，确保了股民收益的长远持续，从更大规模层面上实现了赤脚进城的农民参与城市建设发展的美好意愿。如吴中万达写字楼项目，不仅是又一个城市地标，而且建起了南师大科技园，推动了吴中区长桥街道的产业转型发展。作为首个入驻长桥街道的高校科技产业园，南师大科技产业园现已吸纳各类科技型企业数十家。由此，带动了长桥街道高校科技产业园建设。此后，苏州大学科技产业园、武汉大学（武珞）科技产业园、中国农业大学有机循环产业园、中科院苏州纳米所国家双创吴中基地等相继落户长桥街道。这几年，由股份合作社出资建设的高档楼宇已达10多幢。集体经济已成为参与吴中城市化建设的一支重要力量。

长桥富民合作社

在谈到合作联社（长联置业）的抱团发展时，企业负责人深有感触地说，合作联社最大的优势，在于集中力量办大事，符合现代城市经济发展规律。如一举出资4亿元收购近5万平方米的吴中万达高端写字楼，这在过去单个社区时代是不敢想象的。而且收购来的大多数项目产出快，效益高，如吴江通久泰项目年收益率达到了11.07。据介绍，这几年联社包括各社区在内，仅用于收购的资金就近13亿元，收购土地近800亩50余万平方米，每年收益超过1个亿。加上原有的资产，联社总资产达到了50亿元。为保证合作联社（长联置业）行稳致远，董事会在寻求优质项目的同时，不断完善规章制度，向着更高目标迈进。

三、龙桥精神的丰富：社会主义新时代

起步于20世纪60年代社会主义建设探索时期“敢破善立”的龙桥

精神，在改革开放的时代大潮中，历经市场经济的一次次锤炼与洗礼，以敢为人先、敢破敢立、破立结合的胆识与勇气，冲破了前进道路上的一个个艰难困苦，致力于发展乡村经济，引导乡村集体经济一步步发展壮大，创造了村级经济发展的“龙桥模式”“龙桥经验”“敢破善立”的龙桥精神由此一步步走向成熟。至社会主义新时代，龙桥社区党委不忘初心、牢记使命，在继续探索和发展壮大集体经济的同时，以习近平新时代中国特色社会主义思想为指导，坚持为民服务宗旨，紧扣“富民惠民”中心，积极探索现代社区治理模式，从而进一步丰富了“初心铸魂，敢破善立”的龙桥精神。

1. 政经分离，探索经济发展新路径

进入社会主义新时代，全面吹响了建设社会主义小康的号角，社会主义新农村建设步伐加快。为了让农民更多地分享改革成果，党的十八届三中全会通过了“农民股份合作和农村集体资产股份权能改革试点方案”，明确了积极发展农民股份合作、赋予农民对集体资产股份权能改革试点的目标方向。作为领跑全国农民股份合作社建设与发展的苏州市吴中区，再次被列为全国“农民股份合作和农村集体资产股份权能改革”试点区，先行开展农村集体资产权能改革试点工作，出台了《吴中区农村集体资产股份权能改革试点方案》。有良好的农民股份合作社发展基础和发展经验的长桥街道和龙桥社区，则成为吴中区的试点单位。

试点股份权能改革，实行“政经分开”。按照《吴中区农村集体资产股份权能改革试点方案》，长桥街道从农民股份合作社如何适应吴中城区城市化快速发展需要出发，着眼于吴中城区“产城融合”发展特点，让农民股份合作社发展尽快融入城市化进程，同时分享城市化给失地农民带来的机遇及其政策红利，加快推进农村集体经济转型升级，更好地做优做强农村集体经济，促进农村集体经济规模效益的整体提升，进一步创新农民股份合作社运行体制，扎实构建富民强村长效机制。2016 年 6 月起，长桥街道决定以长桥富民股份合作联社（长联置业发展有限公司）为平台，在龙桥等 7 个涉农社区农民股份合作社集中统一经营的基础上，实施“政经分开”改革试点工作，在街道集体经济层面上逐步实行“政经分开”，理顺社区经济运营与行政管理的关系。

“政经分开”或“政经分离”，就是指村（社区）的行政职能与经济经营职能相剥离分开，将社区的经济经营权交给专门部门操作运行，以建立与市场经济相接轨的现代企业制度，对集体资产实行统一管理，统一经营，确保集体资产保值增值，而村（社区）则把主要精力投放到社区管理和社会治理上。“政经分开”的目标是，实现村级经济的专业化运营，强化社区的行政管理，以避免社区主要领导因抓经济工作而弱化行政管理的现象。

本着“注重统分结合、注重效益优先、注重集约节约、注重富民导向”原则，吴中区长桥街道出台了《吴中区长桥街道涉农社区“政经分开”改革工作实施细则》和《关于涉农社区“政经分开”后集体经济转型发展的实施意见》。明确“政经分开”改革试点工作步骤，确立龙桥社区等为“政经分开”改革试点单位。

被列为街道“政经分开”改革试点单位后，龙桥社区党委、居委会高度重视，积极慎重地开展工作。首先，进一步完善了《长桥街道龙桥社区股份合作社章程》，明确社区股份合作社集体资产性质与股民权益。接着，进行全面清产核资，实施股权固化，明确股份的设置、分配与管理以及社员的权利和义务。总股份由集体股、个人分配股两部分构成。集体股占 20%，个人分配股占 80%。总股本设置截止于 2014 年 6 月 30 日前的集体资产和村民，按规定应享受股份为4050股。经营性净资产金额量化为50625万元，每股股值10万元。其中集体股1012.5股计10125万元，个人分配股4050股计40500万元，并获长桥街道集体资产管理办公室审核通过。经过三个月的紧张工作，于9月底基本完成了社区农民股份合作社合并经营及实施“政经分开”的前期工作，并为其他社区的“政经分开”工作提供了经验借鉴，从而推动了整个长桥街道农民股份合作和农村集体资产股份权能改革工作。

经过近半年的积极准备，长桥街道于2016年11月9日召开各社区股份合作社社员代表大会，讨论通过了新的《长桥富民股份合作联社（长联置业发展有限公司）章程》。按照章程规定，自2017年1月1日起正式实行“政经分开”。

实行“政经分开”后，长联置业发展有限公司作为运作主体，统一开发、统一管理、统一经营、统一分配，实行公司化、市场化、规范化运作，联合抱团发展新项目。长联置业充分利用农民股份合作社“一村二楼宇”的政策利好，整合资源，加快存量土地“退二进三”步伐，新建了一批优质高效物业载体，推动了长桥街道集体经济新一轮发展。

深化“政经分开”改革，强化经营责任主体。经过两年时间“政经分开”的改革试点，取得了一定的成绩，积累了一定的经验。但是，随着时代的发展和长桥街道“再城市化”进程的加速，“政经分开”改革工作也显露出一些亟待改进与完善的地方，如楼宇经济如何与区域产业发展紧密联系，更好地参与市场竞争、打造产业载体、促进产城融合，又如怎样建立符合城市化发展要求、与市场接轨的组织管理架构，如何打造一支懂经济、善运营的专业经营队伍等等。根据党的十九大继续深化改革精神和中央农村工作会议关于加快实施乡村振兴战略部署要求，吴中区长桥街道在认真总结2016年以来“政经分开”改革工作经验的基础上，决定进一步深化“政经分开”改革工作，于2018年9月出台了《吴中区长桥街道涉农社区关于进一步深化“政经分开”改革工作实施意见（试行）》（简称《意见》）。《意见》明确指出：深化“政经分开”改革工作，要以习近平新时代中国特色社会主义思想为指导，积极探索集体经济组织主体确立，推动农村集体经济运行机制、经营方式和发展模式创新，拓宽集体经济发展空间，推动农村集体经济统筹发展、科学发展、持续发展，为加快建设苏州南城首善之区做出新的贡献。11月28日召开深化“政经分开”改革工作会议，提出进一步统一思想、凝聚共识、明确职责、合力推动，深入探索集体经济组织主体确立、市场运营、管理增效、惠民富民等方面的制度创新，确保农村集体资产股份权能改革国家级试点工作在长桥街道走得稳、带好头，突破集体经济发展道路上所面临的土地、资金、管理、人才等方面的制约，完善长桥富民股份合作联社（长联置业发展有限公司）的运营机制。

这一次的深化“政经分开”工作，除了重组长联置业董事会监事会、完善长联置业下设部门等组织构架之外，最重要的一点是，进一步明确和强化“政经分开”后的委托经营管理权，进一步明确长联置业为资产经营管理的责任主体。明确社区股份合作社资产所有权、收益权与经营权分离后，资产所有权、收益权归各社区股份合作社，经营权实行委托管理，强化长联置业统一经营、统一管理、统一发展职能。旨在通过委托经营管理后，实现资产空间统筹、发展项目统筹以及服务方面的统筹，以期产生规模效应、整合效应，做大做强集体经济。

深化“政经分开”改革后，由于强化了经营责任主体，长联置业的运作更加顺畅，经营力度不断加大。相继收购了姑苏区胥江路8号地块、郭巷善兴路 99 号地块、吴江经济技术开发区通久泰企业项目等，发展的触角由长桥街道、吴中区，延伸到了姑苏区、吴江区，真正意义上实现跨区域发展，市场的竞争能力明显增强，为长桥街道集体经济深度参与市场竞争、抗击市场风险、谋求更大发展奠定了基础。同时，确保了各社区农民股份公司的资产质量和股民收益的持续增长。

实行委托管理，激活经济动能。龙桥社区股份合作社根据吴中区长桥街道进一步深化“政经分开”改革工作实施意见，在原有基础上于 2018 年重新与长联置业发展有限公司签订了三年委托经营管理协议，并在长联置业的统一管理和指导下，配合长联置业公司的整体运营，成立了一支专业的管理团队，从项目招租到租赁合同的规范、物业的安全管理、房租的如期收缴等方面，建立起了一整套规范的程序，确保社区集体资产保值增值。与此同时，龙桥社区股份合作社根据长桥街道的统

“政经分开”会议现场

一部署，健全了社区监督管理体系，进一步看管好、维护好集体资产和股民资产。

龙桥社区“政经分开”后，进一步理顺了社区股份公司内部管理机制，激活了经济发展动能，提升了经济运营质量，推动了集体经济的持续发展，同时确保了股民投资的长远收益。龙桥社区村级经济总收入和股民分红逐年攀升，集体经济总收入由 2017 年 8677 万元稳步增长至 2019 年 9328 万元，村民人均年收入由 48000 元增长至 53325 元。2018 年至 2020 年，龙桥社区共实现资产营收 12286.52 万元，股红分配 4942.58 万元，社区居委会财务收入总计 2956.57 万元。截至 2020 年底，龙桥社区股份合作社账面总资产达 15 亿元，如果按现行市场评估价则将翻一番。形成了集体有增长，村民享安康的良好局面。同时，实行“政经分开”后，龙桥社区党委、居委会把主要精力投入社区管理上来，有效地推动了社区管理再上新台阶。

2. 网格管理，确立幸福邻里新坐标

在我国社会治理结构中，社区是最基层的行政组织，直接面向老百姓，关乎社会稳定，民生幸福，同时又是传递党和政府政策与温暖的纽带桥梁。依托网格化管理，加强基层社会治理，确立幸福邻里新坐标，这是龙桥社区构建“和谐龙桥”的突出抓手。龙桥社区是一个涉农社区，但辖区处在吴中城区的核中之核——是吴中区政府所在地，是吴中区的政治、文化和商业中心，社会的关注度极大。在当地流传着这样一种说法，叫作“在政府的眼皮底下做事”，意思是要格外用心、小心，这从正面解读就是要提高治理水平，要把社区治理工作做得更好、更漂亮。就龙桥社区本来说，随着吴中城市化的推进，原居民住房全部动迁，除少部分通过自建或购买商品房等方式仍居住在现龙桥社区辖区内，大部分居民则分别安置在长桥街道新建的天怡苑、天华苑、天韵苑和石湖景苑等安置小区。怎样管理这些原著居民，这无疑是一个新的课题。另一方面，现龙桥社区辖区内存在的各个小区基本上都是老居民小区，其公共设施陈旧落后，好多小区甚至都没有物业，给社区管理和社会治理带来了诸多困难。作为涉农社区，龙桥社区长期从事农村工作，缺乏城市居民社区的管理经验。在这些综合因素的叠加下，如何探索新形势、新环境中龙桥社区管理模式与社区治理方式，这对龙桥社区而言，无疑是一个严峻的考验。

面对新形势、新环境、新情况带来的新挑战新考验，龙桥社区党委、居委会一班人发扬龙桥人“敢破善立”的龙桥精神，积极面对，大胆工作，通过实施“政经分开”，把工资重心转移到社区管理上。他们怀抱“服务群众”的初心，让“群众满意”的信心，不断学习，转变观念，依托长桥街道社会综合治理联动中心，以网格化管理为具体抓手，积极探索创新社区管理模式，不断改善、优化和提升社区服务质量，持续推进社区治理社会化、法治化、智能化、专业化，以幸福邻里为新坐标，全方位构建和谐龙桥、幸福龙桥新社区。思想观念的转变，带来了工作上的主动有为。

依托综合治理联动中心，构建网格化管理新格局。长桥街道社会综合治理联动中心成立于2017年初，是吴中区社会综合治理联动中心建设的首批试点单位之一。中心成立以来，持续推进“一张网”平台建设，设立三级网格（其中一级网格1个，二级网格21个，三级网格94个），同时挂牌“网格联动工作站”。联动中心紧紧围绕“为民服务的前沿阵地、社会治理的创新平台、效能考核的真枪实弹、政府形象的增光添彩”目标定位，以“网格+网络”为手段，以“互联网+大数据”的信息化为支撑，推行“吹哨报到”工作机制，瞄准社会综合治理工作中的重点热点难点问题，聚焦城市精细化管理、矛盾纠纷排查化解、社会治安防控打击、生态环境可持续发展等领域，深入推进网格联动实体化运作，开发了具有长桥本土特色的“包网格督查随手拍，幸福长桥随手拍”等新的社会治理手段，发动全员投身网格治理工作，打造共同参与的大网格治理格局，开创了“共治共建共享”的新局面，强化与吴中区联动中心的联动互通，不断给区域综合治理大联动注入活力。截至 2020 年 9 月，长桥街道社会综合治理联动中心共计接报工单 26957 件，应处置工单 24388 件，已处置工单 24197 件，办结率 99.22%。有效提升了基层社会综合治理水平，切实提高了人民群众的“满意度”，得到了社会各界的普遍好评，成为苏州市乃至江苏省社会综合治理联动中心平台建设的典型，省、市政法委主要领导均来实地考察，听取联动机制运行情况介绍，并给予了充分肯定。2020 年 2 月 27 日，江苏省委常委、苏州市委书记蓝绍敏也专程来到长桥街道联动中心，详细了解运行模式、网格化管理构架及治理效果，并予以高度评价。三年来，联动中心接待了省内外各级领导、兄弟单位的视察指导与交流达 100 多次，在业界产生了广泛影响，被誉为“网格化管理的‘长桥样本’”。

龙桥社区以凝聚和服务群众为目标，充分利用街道社会综合治理联动中心平台，按照“一张网”社会治理工作要求，在“网格 +”上下功夫。首先，建立、完善社区网格管理网络。作为街道层面的二级网格，龙桥社区根据自身特点，依照片区设立了 6 个网格，形成了三级网格化管理，即二级、三级网格长，指导员、协管员和参与员，另配有 2 名巡查员，共计 49 名网格人员。其中，二级网格长由社区一名主要领导担任，三级网格长由两委会班子成员兼任，指导员由各个行政职能部门组成，便于工作协调。“支部建在网格上”，充分发挥党员干部在网格化管理中的先锋模范作用，社区组织班子成员以网格员的身份、带着任务下沉至小区，发扬“铁脚板”

精神，织密社区治理“一张网”。全体网格人员结合定人定时、分片包干、督导反馈等机制，紧扣群众需求，借助网格平台，形成治理合力。其中，重点关注 331 整治、安全生产、散乱污及环境脏乱差、河道脏污以及扫黑除恶、电信网络诈骗等群众关注的热点、难点问题开展巡查打卡。结合“263”“331”整治行动及文明城市创建要求，秉持“不等不靠、务实高效、执行第一、联动为王”的宗旨，排查“9+1”场所 103 家，关停搬离 6 家黑网吧，优化了社区社会环境，提高了人民群众的满意度。

以三级网格为单位，以居民小区为重点，以幸福邻里为坐标，细化网格化管理。实施网格化管理工作以来，特别是 2018 年 5 月原城市社区——澹台湖社区并入龙桥社区后，户籍人口一下增至 6135 人，辖区管理人口约 1 万人，而 15 个住宅小区仅有 5 个小区有物业，管理难度增大，情况极为复杂。据此，社区通过招投标进行第三方管理，实现了住宅小区物业全覆盖，从而以居民小区为重点，加强三级网格管理，使文明创建、垃圾分类等小区管理和服务工作有序推进。而对于那些迁出龙桥社区辖区、居住在各安置小区的原龙桥社区居民（龙桥社区无安置小区），从属地管理出发，鼓励他们积极融入属地社区、小区，并积极与其他社区协调，做好服务工作，使他们仍然有“家”的归属感。从构建和谐社区、和谐社会出发，以文明城市创建为动力，依托三级网格，全面整治、提升社区人居环境，居民群众的满意度不断上升。

构建全员参与网格治理，营造共建共治共享环境。网格化管理离不开居民群众的参与，居民群众既是网格化管理的受益对象，又是网格化管理建设的重要力量。龙桥社区充分调动辖区居民的积极性，发动群众，构建全员参与社会治理，营造共建共治共享环境。发动居民群众利用“包网格督查随手拍，幸福长桥随手拍”功能，发现问题，及时上传到联动中心，并及时予以处置。在文明城市创建小广告专项治理中，社区居民发挥了重要作用。龙桥社区辖区是吴中区的商业中心和居民密集区域，乱贴小广告比较重要，而且往往刚一清理，转身又开始张贴，特别是一些老旧小区包括楼道成了小广告的重灾区，不仅影响了环境，还带来了安全隐患，为社区居民群众所深恶痛绝。为整治乱贴小广告的“顽疾”，龙桥社区在加强物业管理的同时，引导社区居民一同参与，一经发现乱贴小广告的现象，立即拨打 110 或 12345。联动中心在接报后，根据小广告的所在地点将清理小广告的任务立即派发给相关职能部门进行及时清理，并实行跟踪监督。经过一段时间的持续努力，乱贴小广告的现象大为改观，城市环境面貌明显改善。

邻里幸福，主要来自邻里和谐。在现在的城市小区里，邻里之间大多互不相识，互不关心，“相邻而居不相识”不仅成为一种常态，而一旦发生一点小事往往相互指责。龙桥社区从构建和谐社区、邻里幸福出发，发挥小区网格管理员（楼道长）以及志愿者的作用。澹台湖社区龙港二村就有这样一名热心的小区网格管理员，她叫包剑珍。在社区居委会的大厅里，常常能看到她忙碌的身影。“小钱，这些老年人的体检表我都帮你带过去发，顺便串串门。”在她眼中，别人的事就是自己的事。在小区里，不管谁家有个大小事，只要她知道，她就会主动上门去帮助。作为网格管理员兼楼道长，包阿姨经常上门登记居民居住人员变动。对于上门登记，开始有些居民不是那么配合，甚至加以阻挠，包阿姨总是耐心劝说，还不时地嘘寒问暖。慢慢地邻里居民都被她的一片真诚所打动，渐渐地产生了一种“不是亲人胜似亲人”的感觉，大家都亲切地叫她包阿姨，也有居民笑言她是小区里的“包管家”。始于琐碎，归于不凡，在龙桥社区像包阿姨这样的热心人还有不少。同在龙港二村的楼道长朱家红也以热心助人、情系公益而被社区居民称为“乐于助人的朱大姐”。她数年如一日，倾其所能，热心公益，义务为居民服务，从不计较个人得失。她把小区当作自己的家，协助物业搞好卫生，有时发现小区宣传橱窗有残留的双面胶等，就会主动拿着铲刀、毛巾进行清理，小区宣传橱窗显得一尘不染。吴中街道好人顾琳每年春节期间，晚上主动值班，严格把好小区内禁放烟花爆竹关，深得居民称赞。冬日里室外天气寒冷，手上常常生出冻疮，但她从不叫一声苦。正是这些热心人的工作，把党和政府的温暖传递给了辖区居民，营造起了邻里幸福。

在龙桥社区网格共建共治中，志愿者成了一支重要力量。2019 年初夏天，为配合苏州市文明创建工作，社区亟须招募一批交通志愿者，进行文明创建道路值勤。龙港二村楼网格员朱家红得知后，二话没说就主动报名参加，一直坚持到八月底。在七、八月持续高温的季节里，大家劝朱家红休息几天，她却说：“没关系，大家能做到的，我也能做到。”现龙桥社区共有志愿者 230 多名，他们活跃在各个领域、各个方位。

2020 年初，突如其来的新冠肺炎疫情考验了社区管理。龙桥社区积极做好疫情防控工作，其中志愿者发挥了重要作用。老党员林永昌便是这样一位令人敬重的抗疫志愿者。2 月 11 日，林永昌 60 周岁生日，本应在同事们的祝福声中开始晚年幸福退休生活，但在突发性的疫情面前，他毅然选择继续留在岗位上，与所有在职的工作人员一样驻守卡口，风雨无阻，“退休不退岗”，被誉为“抗疫优秀退休志愿者”。龙桥社区辖区的太湖东路 280 号小区，有一位叫李想的志愿者，来自徐州睢宁。在社区招募防疫志愿者的第一天，他就主动请缨，报名加入防疫志愿者队伍，每天“早八晚十”义务值勤，为小区安全和居民幸福，舍小家顾大家。他虽然不是一名共产党员，但他无私志愿抗疫防控的高尚情操和奉献精神，犹如他的名字一般，闪烁着“理想”的光辉，与千千万万奋战在防疫一线的人们，一起镌刻在中华民族共同抗击新冠肺炎疫情的历史丰碑上。

以幸福邻里为目标追求，全面实施共建共治共享三级网格管理，同时绘就了网格化管理“长桥样本”之龙桥篇章。

3. 富民惠民，彰显民生优先新理念

党的十九大报告指出，我国社会主要矛盾已经转化为人民日益增长的美好生活需要和不平衡不充分的发展之间的矛盾。提出要把满足人民群众日益增长的物质文化需要和对“美好生活的向往”作为党的重要工作目标。龙桥社区党委、居委会遵循党的十九大精神，谨记“初心铸魂”的龙桥精神，不忘初心，坚持为人民服务，秉持民生优先理念，以富民惠民为目标追求，扎实开展工作，切实提高居民群众的获得感、幸福感，让广大居民群众一起共享改革成果。

坚持“心中有民”，坚守“心中有责”。富民惠民，已成为广大基层干部的共识，但怎样做好这篇文章，真正把“富民惠民”这四个字落到实处，做出成效，结出硕果，这不是一件容易的事情。对此，龙桥社区党委书记是这样解释的：富民惠民，关键在于心中要有民，要真正把老百姓的利益装在心里；心中有民，才会做到心中有责，才能把一项项富民惠民的工作落到实处。

“心中有民”，这一朴实的语言，就是龙桥人“初心铸魂”精神品格的生动诠释，也是对做好富民惠民工作的一种真切回应。与龙桥社区领导交谈，他们从来没有什么高谈阔论。唯其朴实，方显真情。在具体工作中，他们力戒形式主义，破除表面文章，坚持以民为本，紧扣富民惠民中心点，以务实求真的态度，扎实有效地开展工作。

办好股份合作社，创新增收机制。富民，就是要不断地提高居民群众的经济收入，不断地提高居民群众的物质生活水平，并由此获得精神上的富足。在龙桥人看来，好多时候物质跟精神是不能分离的。那么，怎样才能给以居民群众稳定的经济收益和物质生活？龙桥社区多措并举：一是依托街道股份合作社等经济载体，为社区居民广开就业渠道；二是着力办好社区股份合作社，不断壮大集体经济，提高股民的经济收益；三是通过发展集体经济，增加普惠性福利，以集体经济积累反哺居民群众。

对社区来说，最直接的富民惠民路径，就是办好社区股份合作社，让居民群众分享集体经济发展成果。从2003年社区成立以来，龙桥社区就主动顺应富民增收和产业结构调整需要，敢想敢干，善做善成，率先组建了长桥街道龙桥社区股份合作社，实现了发展经济与富民惠民的有机结合。2005年，通过创立龙桥物业股份合作社，一方面抓住“资产量化”契机，将集体资产的50%折股量化给每一个村民，一方面进行增资扩股，鼓励社区农民入股，以1万元为一股，共计2038股，有746户1288名股民参与了入股，每股年收益1200元，保证村民有12%的分红。之后，又经过多轮增资扩股，不断扩大股民受益面。2009年，社区组建成立龙桥社区股份合作社，在原来设股的股民中再次实行增资扩股，由每人每股1万元增至5万元，年分红利率继续保持在12%，即每人每股年受益6000元。当年社区全年分红近2000万元。2011年，针对原“征土工”居民实行扩股，每人增资2万元，共有1330户2150名符合条件的征土居民入股，参股率达95%以上，筹集股本4100万元。2014年3月，对现有股民进行增资再扩股，每人增资3万元，有1281户3960名股民参与入股，筹集股本1.2亿元。截至2020年，入股金额总计18273万元（其中部分因个人原因退股的），当年为7558股民发放股红2192.76万元。自2005来通过集体资产量化、鼓励农民入股以来，龙桥社区累计发放股红近1.8亿元。入股分红已成为农民的一个重要经济来源。2020年，社区人均收入达54392元，位居吴中区乃至苏州市前列。

龙桥社区鼓励农民入股，推进资产股份合作改革，创新农民利益联结机制，增加居民投资性受益，真正实现了农民持股进城，在享受股份分红的同时，还获得了资产增值收益。农民入股，同时为集体发展“积小资金做大项目”，实现农民抱团进城投资当大股东。龙桥集体经济组织形式的一系列创新，找到了新的历史条件下集体经济十分有效的组织形式和发展方式，体现了龙桥人“敢破善立”的精神，探索出了在城市化背景下失去土地的农民持续增收的有效路径，成为吴中区乃至苏州市的一个典型。

创办股份合作社，发展壮大集体经济，在提高居民群众经济收入的同时，增加了社区居民的普惠性福利。龙桥社区通过集体经济积累，反哺居民群众，增加普惠性福利。每年用于农置城退休、养老人员以及大病补助、困难补助、残疾补助、干部及贫困党员补助以及慈善工作站建设等的费用达230多万元，真正实现了居民群众共享集体经济发展红利。

改善民生服务，提升幸福指数。民生福祉不仅来自物质。龙桥社区党委在工作实践中深深体会到，作为社区工作，不仅是要让老百姓的钱袋子鼓起来，更要让老百姓生活得开心、舒心，不断收获幸福。多年来，龙桥社区突出民生优先，坚持以老百姓的关切与诉求为工作出发点，以人民群众满意不满意为工作的衡量标准，加强社区治理，创新社区管理，提高居民的幸福指数。

从社区居民的日常生活出发，补齐民生短板，解决服务痛点，全面提升民生服务质量。小区物业既是实施社区管理的一个重要抓手，也是关乎老百姓切身利益的民生实事工程。随着澹台湖社区的并入，龙桥社区

15 个居民住宅小区中有 9 个小区没有物业管理。好多小区建造年代久，基础设施差，路面破损、绿化残缺、垃圾桶脏，甚至出现垃圾堆积现象。针对这种情况，社区于 2019 年 6 月成立社区物业管理委员会，试行“大物业”管理，为无物业小区一一配备了物业。仅此一项，社区每年要增加投入 100 多万元。现在小区整体环境变好了，居民的满意度也高了。随着社区居民物质生活的提高，私家车越来越普及。但一些老旧小区不仅建筑密度高，而且都没有停车设施。据此，社区在太湖东路 266 弄居民密集区投资建起了公共停车场，并配备了电动车充电桩，解决了居民群众停车难的问题，而增设充电桩设施，不仅方便了居民群众，同时消除了老旧小区因电动车随意充电带来的安全隐患。为城中村盛村安装防盗窗、逃生软梯等消防安全设施，同时进行道路硬化，环境绿化，大大改善了居民生活区的环境，增强了安全感。配合城乡居民垃圾分类工作，先后为长桥新村、龙港二村、苏美中心等增设了 6 个垃圾分类亭。一系列的惠民利民实事工程，深得居民群众的一致好评。

以“龙桥社区党群服务中心”为载体，开展多方位、多层次的惠民便民服务，不断丰富居民群众的精神文化生活。服务中心建有党员活动室、青少年之家、职工之家、青年民兵之家、妇女儿童之家、青少年书画创作室、家长学校、残疾人之家以及现代远程教育终端站点等 10 多个功能载体，总计 5000 多平方米。社区依托党群服务中心阵地，为社区居民定期提供丰富多彩的党群活动以及文化娱乐、书画创作、健康养生、敬老助残、消防消灾、科普教育等便民利民服务，以满足不同群体、不同年龄层次居民的精神生活需求。仅 2020 年服务中心就举办了 56 场活动。其中，通过“青少年之家”组织的各类活动就达 10 多场，其“七彩夏日”系列活动成了一个特色品牌。如 2020 年的七彩夏日由“我是飞行家”“我是

龙桥社区

艺术家”“我是发明家”和“走进神秘的恐龙世界”等活动项目，内容丰富，形式多样，适合青少年健康成长。而针对老年人的“敬老助残·情暖重阳”“艾在社区·情暖龙桥”等活动，不仅获得了健康方面的知识，还让他们找到了久违的乡邻亲情。

积极介入“幸福微实事”工程，让惠民利民工作无处不在。“幸福微实事”社区参与式治理，是长桥街道倾力打造的一个民生实事特色品牌。其主要特点是，通过社区居民的参与互动，实现社会治理不断创新、民主自治不断完善、基层合力不断凝聚。同时实现社区基层服务供给由“政府配菜变百姓点菜”“为民做主变由民做主”“单一供给变多元参与”的根本性转变。在具体工作中，突出以问题为导向，全面制定“任务清单”“问题清单”“需求清单”“活动清单”“服务清单”基层党建服务五张清单。“微实事”“大民生”。在街道的统一部署下，龙桥社区积极参与、着力推进"幸福微实事"工程。一年多来，通过走访调研等方式，收集到了一批"问题清单""需求清单"，主要集中在垃圾分类、环境绿化、小区活动室建设等方面。对此，社区分别一一做出回应，能够解决的就及时予以解决。如根据长桥新村提出的文化长廊、下水道改造提升、垃圾桶更新等三项"需求清单"，社区分别做出了改进，社区居民十分满意。聚焦民生实事的"幸福微实事"工程，使一些本来不被关注的事情得到了重视，获得了妥然解决。以"幸福微实事"工程为抓手，努力让"微实事"惠及广大居民群众，再度彰显了龙桥社区党委、居委会民生优先的服务理念及其人文关怀。

4. 初心铸魂，展现为民服务新担当

党的十八大以来，龙桥社区党委坚持以马克思主义、毛泽东思想、邓小平理论、"三个代表"重要思想、科学发展观和习近平新时代中国特色社会主义思想为指导，把党的建设放在一切工作的首位，加强理论学习，准确把握党建工作新任务、新要求，坚持弘扬社会主义核心价值观，着力营造风清气正的政治生态和干事创业的工作环境，展现出了党委一班人为民服务新的使命担当。

党建引领，夯实党的思想组织建设。龙桥社区现有 309 名党员，下设 8 个党支部。社区党委坚持党建引领，加强班子成员理想信念、思想道德品行和中国特色社会主义法治等学习教育，坚定"三个自信"。加强理论学习，提高政治站位。社区党委一班人每月一次的学习活动从不间断，同时积极参加各种学习教育活动，增强对新时代中国特色社会主义的理解和认识。与此同时，加强党性党纪教育和开展反腐倡廉教育，坚持党的群众路线，"六个一"走访活动常态化。各党支部定期组织党员学习，增进对党的感情，保持对党的忠诚。好多党员干部在回忆收看党的十九大开幕式上习近平总书记做报告的情形时依然激情澎湃——当大会开幕国歌响起的那一刻，一些老党员眼睛都湿润了，真正感受到只有祖国的繁荣强盛，才有老百姓安居乐业的生活。在之后习近平十九大报告和一系列重要讲话的学习教育活动中，龙桥社区党委结合龙桥的发展历史，重温入党宣誓，组织参观太湖新四军游击队纪念馆，缅怀革命先辈，使广大党员干部进一步加深了对中国特色社会主义道路和共产党人初心使命的理解与认识——中国共产党人的初心和使命，就是为中国人民谋幸福，为中华民族谋复兴。大家纷纷表示，要坚定政治立场，弘扬龙桥精神，继续砥砺前行。同时认识到，作为基层党员干部，要始终不忘初心，把人民的利益放在首位，全心全意为人民服务，走进群众、倾听群众的呼声，从人民群众关心的事情做起，把群众满不满意作为检验工作的标准，在自己的岗位上，兢兢业业，努力工作，把社区建设得更加美好，为实现伟大的中国梦贡献力量。

率先垂范，彰显团结奋进使命担当。一个地方、一个社区的工作做得好不好，工作出色不出色？关键在于领导班子的战斗力强不强。一个好的领导班子，必定是一个带领群众奋发进取的团结战斗的领导班子。龙桥社区党委一班人齐心协力，发挥先锋模范作用，以自加压力，负重奋进的进取精神，压实责任担当，带领广大群众在社会主义建设征程中，不断攻坚克难，取得了一个又一个新的胜利，锻造了“初心铸魂，敢破善立”的龙桥精神。坚持以改革促发展，解放思想，开拓进取，谋划龙桥发展新蓝图。敢破善立，永续发展，这是龙桥社区半个多世纪以来勇立潮头的一条至关重要的经验。创办股份合作社，确保农民持续增收，秉持“集体资产只能租不能卖，老百姓收入只能增不能减，集体经济总量只能多不能少”的“三不原则”。坚定不移地做大做强做优集体经济蛋糕，在长桥街道7个社区中实现了“四个走在前列”，即集体资产总量走在前列，年稳定收入走在前列，产业载体拥有量走在前列，合作社现金分红走在前列。在日常工作中，党委和居委会班子成员深入群众，以身作则，冲锋在前，敢作敢为。在拆迁征收工作中，专门成立了拆迁行动党支部，党委主要领导挂帅，以“5+2”“白 + 黑”的工作姿态和“第一责任人”的责任担当，激励拆迁行动支部中的每一名党员和所有动迁工作人员积极慎重地开展工作，由此得到了大多数动迁户的理解与配合，相继如期完成了太湖东路盛村地块71户、豪仕登南侧地块107户、太湖东路266弄56户等拆迁征收工作，为吴中城区城市更新做出了应有的贡献。在2020年初新冠肺炎疫情到来之际，党委一班人雷厉风云，勇担使命，守岗位葆本色，舍小家为大家。在万家团聚共度春节的大年初一，两委会班子成员放弃休息，深入各小区，部署防疫工作，同网格员肩并肩，一丝不苟地做好外地返苏人员登记等工作。在疫情防控最紧张的70多天时间里，党委、居委会主要领导以“第一责任人”的使命担当，每天坚守在防疫第一线，把好卡口最重要的一道门，被群众称为“最佳门神”。

在党委一班人的坚强领导下，龙桥社区的各项工作不断跃上新的台阶，收获了一系列新的成果。社区集体经济稳步增长，2017年达8677万元，2018年达8755万元，2019年达到了9328万元，连续多年获吴中区农村集体经济发展超5000万社区。相继获评为江苏省文明社区、江苏省和谐示范社区、江苏省卫生村、江苏省民主法治示范社区、苏州市先进基层党组织、苏州市文明社区、科学发展示范先锋村（社区）、苏州市村级经济发展标兵村、苏州市社会主义新农村建设明星示范村、苏州市党员干部现代远程教育示范站点、吴中区先进基层党组织、吴中“海棠花红”先锋阵地，2016、2017、2019年度吴中区长桥街道作风效能先进集体等。

龙桥精神，凝聚再创辉煌巨大动能。探索建立“党建、群建、社建”三建共建基层治理新路子，推动基层党建与基层社会治理深度融合，是吴中区长桥街道打造“高新引力”党建品牌的重要举措。在“三建共建”中，龙桥社区突出以党建带群建促社建，用心建设龙桥社区党群服务中心、新时代文明实践点、廉政教育基地，精心打造“龙桥精神教育馆”，借助吴中运河风光带党建红色步道、五龙桥公园传统文化传习载体等，广泛开展“三建共建”活动。尤其是积极发挥龙桥精神教育馆在“三建共建”中的独特的教育功能。

创办“龙桥精神教育馆”，总结、提炼龙桥精神，深入开展初心使命教育，凝聚发展新动能。龙桥精神教育馆，通过展示龙桥20世纪60年代以来的创业发展史，总结提炼出了为广大党员干部一致认同的“初心铸魂，敢破善立”的龙桥精神。龙桥半个多世纪来的发展历程，就是一部“初心铸魂，敢破善立”的发展历史。在此基础上，社区党委充分发掘龙桥精神的党建教育资源功能，组织广大党员群众重温龙桥的发展历史，进一步感受“初心铸魂，敢破善立”的龙桥精神，激发薪火相传、砥砺前行的革命斗志。不少党员干部在参观学习后深有体会地说，龙桥的发展历史，就是我们在中国共产党领导下的一部奋斗史、创业史，龙桥精神是龙桥人共同创造出来的，是龙桥人的共同财富，要好好弘扬。从而增强了社区党员群众对“龙桥精神”的广泛认知认可，凝聚起了再创新时代龙桥辉煌的巨大动能。大家纷纷表示：传承龙桥精神，加快龙桥发展，勇立时代潮头，这是我们这一代龙桥人共同的责任和使命。继往开来，把过去取得的成绩，作为新的发展起点，成了新时代龙桥人的共识和追求。

如今，龙桥精神教育馆不仅成了龙桥社区“新时代文明实践样本”的重要站点，同时成了长桥街道乃至吴中区的党建热门“打卡地”，还吸引了省内外的党建代表团前来参观访问。自2018年12月开馆以来，龙桥精神教育馆已接待全国各地来访党员、群众代表团110多批次，共计2130余人，充分显示出了“初心铸魂，敢破善立”的龙桥精神的时代价值及其精彩魅力。

结语：

龙桥社区近60年的发展历程，呈现出两个鲜明特征。一是敢为人先，破旧立新，善做善成。这就是龙桥精神中的“敢破善立”的一面。从20世纪60年代农业学大寨，到改革开放创办乡村工业，再到迈向新世纪成立股份合作社，融入现代城市发展，龙桥人一方面顺应时代潮流，把握发展机遇，一方面攻坚克难，开拓创新，创造发展新机遇，创新发展新模式。而敢为人先的思想意识，则推动了龙桥人敢破善立，激活了创造创新精神。二是不忘初心，牢记使命，实干担当。在前进的道路上，永远保持着一颗不懈奋进的决心和坚定必胜的信念，勇立时代潮头。龙桥人把勇于发展、永续发展，当作使命，当作责任。这就是龙桥精神中的“初心铸魂”。“初心铸魂”，是龙桥的发展之魂，是龙桥精神的内核。“敢破善立”需要不忘初心做支撑，“初心铸魂”是“敢破善立”的动力源泉。“初心铸魂，敢破善立”的龙桥精神是相互融合的、一以贯之的，它贯穿于龙桥的整个发展过程。这就给了我们又一启示：龙桥精神是动态的、发展的，是与时俱进的——一脉相承的龙桥精神，随着时代的发展与社会的进步变得更为丰富多彩。“初心铸魂，敢破善立”的龙桥精神，也是我们的时代精神，是中华民族生生不息、顽强奋进的一种折射，是一种值得珍视和弘扬的精神财富。

第三章
龙桥精神的内涵阐释

○ 张云婷

“历史和现实都表明，只有坚持历史唯物主义，我们才能不断把对中国特色社会主义规律的认识提高到新的水平，不断开辟当代中国马克思主义发展新境界。”

——习近平

无论是在20世纪60年代的农业学大寨时期，还是在改革开放时期的“农转工”“攀高枝”“走出去”“辟新路”时期，或是在新时代继续探索和发展壮大集体经济、积极探索现代社区治理模式时期，龙桥人始终秉承着听党话、跟党走、敢为人先、不懈奋进、勇攀险峰的品质，不忘初心使命、把握发展机遇、激活创新精神，展现出新时代中国精神在基层的践行和坚守。习近平总书记在党史学习教育动员大会上指出：“在一百年的非凡奋斗历程中，一代又一代中国共产党人顽强拼搏、不懈奋斗……形成了一系列伟大精神，构筑起了中国共产党人的精神谱系，为我们立党兴党强党提供了丰厚滋养。”从历史唯物主义视野出发，能对龙桥精神的内涵进行深入解读，对精练的词语进行更好的释义。用历史唯物主义来解读龙桥精神，能够真正把握龙桥精神的精髓；用历史唯物主义的眼光来看待龙桥精神，能够将龙桥精神作为龙桥社区伟大的精神财富和巨大的精神动力来理解和把握。

一、龙桥精神的“红色密码”

“精神”是人类改造客观世界和主观世界的成果，这一成果既有积极的成果，也有消极的产物。显然，龙桥精神是有助于社会进步的积极成果。它不仅包括当代龙桥人精神生产和精神生活的积极成果，也包括前人有益的文化遗产，是龙桥人所创造的精神财富的总称，代表着龙桥社区的精神品格和文化素养。作为龙桥社区软实力的集中体现，龙桥精神是推动龙桥社区发展的不竭资源，提升了龙桥社区的核心竞争力。龙桥精神的“红色密码”正在于充分体现了历史唯物主义关于人民群众是历史创造者的人民主体性这一根本要旨，遵循了历史唯物主义把握社会发展大局和历史进程大势的整体观，反映了历史唯物主义持守求真务实创新精神的重要品格。

（一）坚持人民群众主体地位

“初心铸魂，敢破善立”的龙桥精神对历史唯物主义的坚持和发展突出表现在牢固地确立人民群众主体地位上，这是历史唯物主义最根本、最重要的思想。人民是社会实践活动的主体，通过实践活动，人民创造了社会的物质财富，也创造了精神财富。

龙桥将为人民造福的初心使命写在发展的旗帜上，坚持和发展了历史唯物主义关于人民是历史活动的主体和物质财富、精神财富的创造者以及推动历史进步的动力的基本学说，把让人民群众有获得感和过上幸福生活作为社区治理和发展的出发点、落脚点和归宿点。从影响人的幸福发展的因素来看，富裕是健康和幸福的物质基础，也是增强人的整体素质和促进人的自我实现的必要条件。当代中国全体人民的最大利益和普遍共同的理想期望就是实现全面小康和共同富裕。改革开放前，龙桥大队向大寨看齐，在农业学大寨道路上乘胜前进，为求实现农业的稳步高产，即使在大雪纷飞、积水成冰的隆冬，大队干部和广大人民群众一起破冰踏雪，和困难作斗争，依靠“泥腿子”“土专家”等闯技术关，争取农业丰产丰收。龙桥人心往革命上贴，劲向革命上使，一不怕苦，二不怕死，团结战斗，依靠群众攀登农业生产新高峰，解决农民“饿肚子”问题。改革开放后，体制转轨使大批龙桥村民的身份出现转换，龙桥精神一方面发挥着精神文化团结人民群众干事创业的精神纽带作用，更重要的是，龙桥精神也在不断变化的客观实际中丰富发展，激发广大人民群众作为参与市场经济实践活动的主体的能动性和创造性，致力于促进经济社会持续健康发展。龙桥人始终坚持集体经济的发展模式，同时推动集体经济发展模式向提高广大人民群众普遍具有合理合法的劳动及财产性收入的方向发展，持续不断深化股份改革，加快增添富民活力，让越来越多的龙桥人成为富裕者。在新时代的发展中，龙桥基层党组织自觉将自身定位为“初心铸魂，敢破善立”的带头人，在不断面对新问题中，坚持一切依靠群众、密切联系群众的责任担当，坚持人民主体地位，充分调动人民积极性。

龙桥作为苏州吴中区的一个社区，带有江南水乡的风韵，在人与社会关系和人与自然关系方面，有自觉追求人与自然和谐、人与社会和谐的价值诉求。在历史唯物主义视野里，人与自然的关系以及人与社会的关系是人类社会发展中两大紧密联系而不可分割的基本关系，实现人与自然的和谐以及人与社会的和谐是社会发展的基本价值诉求。龙桥精神是龙桥社区在致力于协调人与社会关系从而促进人的全面发展方面的高度凝练性概括。在协调人与自然关系方面，龙桥精神更是直接指向人们对美好生活的向往，尤其是对良好的公共产品的诉求，加强生态文明建设，切实维护好、实现好、发展好人民群众包括生态环境权益在内的根本利益。龙桥坚持绿色发展，自觉践行绿水青山就是金山银山理念，将新兴产业、节能降耗等生态指标纳入年度绩效考核体系，大力落实生态环境责任制，以河长制确保湖泊河流水质的稳定。龙桥人民群众以较强的环保意识、相应的环保参与和绿色消费为龙桥社区的生态环境建设汇入强大主体力量。龙桥精神蕴含着积极提升人民群众生态环境权益的指向，为社区人民创造良好生产生活环境，打造美丽生态宜居社区。

（二）坚持全面系统整体思维

“初心铸魂，敢破善立”的龙桥精神是一个在破解各种复杂关系中推进的精神整体。整体性是历史唯物主义的重要特性。龙桥社区在发展中深刻认识到要处理好多样性的复杂关系，在理顺各种复杂关系中开辟未来发展的宽广通道，如：物质文明和精神文明两手抓的问题、龙桥村民在身份上出现“半工半农”和“亦工亦农”的双重性的问题、传统认知观念中经济发展与生态环境的冲突问题、量大面广的老街区改造与安全发展问题、劳资纠纷问题等。在破解各种复杂关系中不断演绎出来的龙桥精神，也彰显了一项重要理论品格，就是精神文化是在重视社会的各种复杂联系中不断形成和发展的，精神文化重视各种风险和挑战，化危为机，在实践中充分发挥着团结人民群众干事创业、凝心聚力的“稳心剂”作用。

龙桥的发展是中国社会发展进程的一个缩影。在以往的发展中，龙桥以经济发展为中心，将经济发展的规模和速度排在首位，主要诉求在于尽快摆脱贫困落后的面貌，让人民群众过上比较富足的小康生活，表现在积极改革股份制，加强社区集体资产管理。新时代后，龙桥积极贯彻全面现代化的重点战略，立足社区发展的全局，着眼各个组成部分的有机联系，将社区不同领域的发展有机结合起来，形成社区整体齐头并进发展的格局。龙桥精神作为积极的、进步的精神成果，围绕着满足龙桥人的需要、实现龙桥人的目的，指导了一系列经济活动、政治活动、文化活动、生态活动和社会活动，将经济建设与政治建设、文化建设、社会建设、生态文明建设等有机联系起来，追求龙桥整体性全面进步，形成相应的物质文明、政治文明、精神文明、社会文明和生态文明。进一步来说，龙桥精神发挥了自身在经济建设、经济富强、物质文明等经济方面的推动作用：社区资产增值快、收益率高，股民每人每股持有数逐年上升，股红利率也有最初的 5% 提高到如今的 15%；发挥了自身在政治建设、乡土民主、政治文明等政治方面的推动作用，经济建设方面的持股制增强了经济民主，进而增强了社区的政治民主，并在乡贤、干部带领下形成了众人的事众人商量的积极氛围；发挥了自身在文化建设、文化繁荣、精神文明等方面的推动作用，社区人的精神生活愈加丰富，社区经常举办各种文艺会演和党性教育活动，与江南水乡的戏曲文化一起充盈着龙桥人的精神世界；发挥了自身在社会建设、社会和谐、社会文明等方面的推动作用，社区立足民情、心系民生，每年做好民政、计生、社会保障、征兵、安全生产、网格化管理等工作；发挥了自身在生态建设、生态良好、生态文明等方面的推动作用，社区绿化效果显著，风貌改善，共同构成龙桥发展的有机整体。

（三）坚持求真务实创新精神

“初心铸魂，敢破善立”的龙桥精神体现了求真务实的创新精神。求真务实的改革创新精神是历史唯物主义的重要特征。所谓求真务实，就是一切从实际出发，要按照客观规律认识世界和改造世界。一切从实际出发是毛泽东思想活的灵魂中“实事求是”的具体要求，是正确分析问题和解决问题的必要条件。龙桥在社区建设中，坚持一切从自身的客观实际出发，同时充分发挥主体性和能动性，按照上级的要求和自身发展的实际，不断地制定正确的规划部署和应对之策，赢得了“吴中第一社区”的美誉。

改革开放前，龙桥人充分利用南方的自然地理优势，积极创造稳产高产的条件。“大寨有山，龙桥有水，大寨开山夺粮，我们向水要肥！”在这一激荡人心的口号引领下，龙桥人结合南方特色，从南方实际出发，积极利用天然养料提高产量，如利用河流放养水花生这一水生植物、定期割河边青草等形成肥料基地；排灌渠系化，为扩种和种好双季稻创造一定条件；搞好沟渠配套，使绝大部分田块“自立门户”，避免了漫灌、串灌现象。20 世纪 80 年代，工业用地和居民聚集地渐增，一些新的社会阶层崛起，龙桥人因地制宜、审时度势，不仅积极探索集体经济多元化的组织方式，整合和优化龙桥的经济资源，增进龙桥集体经济的积累，还根据自身成为吴中区政府所在地核心区域的区位优势，积极布局服务业等第三产业，顺应工业化和城市化进程。

“初心铸魂，敢破善立”的龙桥精神标志着对主观主义的彻底否定。龙桥人认为，坚持一切从实际出发，就必须反对主观主义。主观主义就是在实际工作和思想方法中表现出来的唯心主义。主观主义既阻碍人们认识和把握客观规律，又容易在工作中同客观实际、同人民群众分隔开来。改革开放新时期，随着龙桥村的建立，关于龙桥精神该不该继续存在、要不要继续传承和弘扬龙桥精神等问题引发了一些争议。龙桥突破思想观念的天花板，正视龙桥精神是龙桥人艰苦奋斗、自力更生的创业精神，是坚定不移走社会主义集体经济道路、真正以龙桥人的发展为初心的精神。在数十年发展中，龙桥坚决反对主观主义，各级党组织注重自身作风建设，紧紧抓住新发展理念推动发展，努力提高以新发展理念统领龙

龙桥精神：初心铸魂，敢破善立

桥社区社会发展的能力和水平，提升群众满意度。

“初心铸魂，敢破善立”的龙桥精神是在实践中遵循客观规律的精神。龙桥精神充分体现了龙桥人在正视社区社情的前提下，始终坚持一切从实际出发的理论品格，在对待社区的经济、政治、文化各方面发展问题上，不拘一格，顶住压力，以改革创新的精神攻坚克难。龙桥在社会主义建设时期开展群众性技术革新和科学实验活动，以敢于创新精神种植试验田、丰产田、良种田。进入新时代，龙桥又解放思想、抱团发展、开拓奋进，始终将人民群众利益和在集体经济壮大基础上实现共同富裕为重要原则，以创新思维改进和创新工作方法，提升社区党建的支持保障力度，党的建设也迈上高质量发展的新台阶。龙桥精神内蕴的大胆突破的勇气和魄力，展现出龙桥在经济社会发展中自觉地遵循客观规律的实践探索精神，推动了龙桥社区现代化建设跨越式的发展，值得其他社区去学习。

二、龙桥精神的“四个统一”

“初心铸魂，敢破善立”的龙桥精神坚持了破与立既对立又统一的辩证法。龙桥精神对辩证法的坚持表现在“四个统一”。

（一）理想信仰与客观实际相统一

理解龙桥精神，需要将其放在中国共产党精神的整体性环境中。社会主义革命和建设的伟大实践推动形成了以自力更生、艰苦奋斗、团结协作等为核心的创业精神；改革开放的伟大实践推动形成了以与时俱进、锐意进取、敢为人先等为核心的改革创新精神，这些前后传承、相互影响的精神构成了龙桥精神的时代内涵，也是向社会主义美好愿景趋近、以集体利益为重的发展共同体主义的阶段性体现。这一理想信仰是民族精神的地区彰显，是共享发展理念的生动展现，有利于自觉地将个体的“我”融汇成作为集体共同体的“我们”，进而融汇成具有强大凝聚力的集体，在迈向现代化新征程中，又将作为个体和群体的“人”融汇成作为人类命运共同体的“人类”。

伟大的实践产生伟大的精神，伟大的精神滋养伟大的实践。龙桥精神与龙桥实践相互影响、相互作用，在运用、总结、再运用、再总结的基础上实现了有机统一。在社会主义革命和建设时期，龙桥精神激励着龙桥人自力更生、艰苦奋斗，初步形成龙桥精神的基本形态，也初步建立起龙桥的经济社会发展基础。改革开放新时期，龙桥精神激发龙桥人以敢闯敢试、敢为人先的劲头，为基层社区提供可参照借鉴的样本，为全国的改革开放提供新的思路和经验。龙桥精神始终坚持理想性与现实性的高度统一，这一辩证统一是理想信仰与客观实际的统一，揭示了龙桥发展最低纲领与最高纲领相统一的内在机理。一方面，从实践中产生出来的龙桥精神是龙桥社区内在的主观形态，从龙桥基层党组织的宗旨出发，确立了“初心铸魂，敢破善立”的核心精髓，指出了龙桥社区的美好发展前景，号召人们为之努力和奋斗；另一方面，它又是现实的，有充分的实现基础，从党的事业追求出发，确立龙桥共产党人和龙桥人民群众应当具备的担当精神，以一系列外化形态强调龙桥人作为主体的主体性实践，强调物质资料生产方式的决定作用和龙桥人的创造者地位，并以此作为实现美丽龙桥发展的推动力量和物质基础。当前，我国社会主要矛盾发生变化，社会基本需求完成了从“生存性需求”向“发展性需求”的转换，这也为龙桥今后的工作提供了新指向，就是以解决发展不平衡、不充分的主要矛盾，将维护和实现人民的利益为一切工作的逻辑起点，在新的历史起点上绘制“新的姑苏繁华图”，积极创设社会主义现代化卓越社区的龙桥样本。

（二）勇于破局与抓住新机相统一

坚持“先立后破、不立不破”，既是全面深化改革的一项重大原则，也是党指导社会实践工作的重要导向，更是龙桥精神的“四个统一”之一。在通往龙桥幸福美好生活的每个“娄山关”“腊子口”，如何能够啃下“硬骨头”，同时又不犯颠覆性错误，找准破局口，握准新机非常重要。在每个关键性节点，龙桥都以坚定的勇气和智慧找准突破口，积极破局。在水乡农业学大寨时期，龙桥破传统农耕制度的掣肘和粮食短缺的困局，找准江南水乡的地理和自然优势，抓住人们认识自然、改造客观世界的积极干劲和农业科学技术发展的机遇，既将人们从传统农业生产的思想禁锢中解放出来，更成功探索了稻麦三熟制连年丰收的种植规律，不断提高社员群众的粮食和分配收入。如果说创农业学大寨的“龙桥经验”是龙桥精神在勇于破局与抓住新机相统一特性上的开端，那么改革开放后，在现代化进程下，龙桥逐渐从农村走向城市的系列举措无不体现了龙桥精神勇于破局与抓住新机相统一的辩证性。在中国改革开放序幕缓缓拉开的大局下，龙桥顺应时代潮流，依托天然的地理优势，大胆突破计划经济体制禁锢和小农经济意识，抓住经济体制转轨给基层发展束缚解绑的新机，也走上了发展集体经济的道路。面对生产技术资源缺乏和技术难题的困局，龙桥人抓住毗邻上海的优势，巧妙利用机会，将横向联营的目标之一放在上海，坚持不懈到上海洽谈，以特有的“星期天工程师”的形式解决龙桥本地的技术发展困境；针对“城市更新，产业升级”发展中新产业布局资金来源不足的困局，龙桥人抓住涉农社区“一村二楼宇”的政策优势，在集体经济原有积累的基底上充分利用原经济载体被征用后会给予一定数量的补偿资金这一有利契机，作为下一阶段龙桥社区发展的重要基础；面临持续发展中资源瓶颈的制约，龙桥人一方面以先前阶段的资金积累实力和地处苏州城区中心的区位优势，开创了跳出龙桥社区、跨出长桥街道的“走出去”模式，辟出了跨地区收购、异地发展集体经济的路径，另一方面又借“产城融合”等开放项目的东风，整合资源，以社区之间合作联手的方式抱团发展，开创了新的历史条件下集体经济可持续发展的新途径。这一时期，工业化、城市化进程的加快催生了各种发展机遇，龙桥精神除了发挥凝心聚力、团结人民群众干事创业的精神纽带作用之外，更是鼓舞号召着龙桥人审时度势，转变观念，有方向、有把握地突破一些不利因素，利用时代发展所赋予的有利条件，走别人不敢想和不敢走的路，积极探索集体经济多元化的组织方式，同时又牢牢把握社会现代化就是人的现代化的根本要旨，在破局与立局中注重农民身份地位和角色的转变，引导农民走向新的合作与联合，不断实现中国特色农业现代化。

（三）党的领导与群众创造相统一

广大龙桥社区的人民群众对党领导的建设事业充满坚定的信念，正是这份坚定信念，才使人民群众义无反顾地紧跟党的领导。无论形势多么严峻，无论是顺境还是逆境，高潮还是低潮，不管遇到多大的困难和挫折，龙桥人民都毫不动摇，在逢山开路、遇水架桥的实践中创造了一个又一个壮举，积累了一项又一项经验，续写了一座又一座丰碑，以人民群众的主体性、能动性和创造性发挥群众首创精神，改变积贫积弱局面，走向共同富裕道路。

科学认识党是龙桥精神的引领者组织者，使人民群众跟党走的行为更加主动。龙桥精神的伟大力量根植于实践中，党为人民求幸福、搞建设、兴改革，强化了人民群众跟党走的认识并将这种认识付之于新时代社会实践的具体工作中。党支部引领、党员带头，始终践行党的初心和使命，是对龙桥精神最好的传承和弘扬。在学大寨中，龙桥紧紧抓住用初心铸魂来充分发挥基层党组织先锋模范作用的引领功能这个核心，唤起人民群众的主体性、能动性和创造性这个干事创业的关键，促进农业生产力迅速发展，为国家和集体增加粮食产量，力求解决人们饿肚子的问题。改革开放之初，针对"市场经济就是私有经济，发展集体经济就是思想僵化"的错误思潮在社会的暗流涌动，龙桥村党支部专门组织党员和广大群众讨论龙桥精神蕴含的"初心"的深刻本质，以"集体资产只租不卖，集体资产只增不减，百姓收入只增不减"的原则不断将改革向前推进，调动参与市场经济主体的人的积极性，激发群众创造活力，提高龙桥集体经济的发展速度。新时代龙桥精神新的增长点也就体现在现实实践中，这一精神所包含的进取拓展的元素，已经成为推动社会发展的重要精神动力。

龙桥社区在基层党组的领导下，严格按照各项制度开展工作，大力提供社区服务，在工作同时积极探索社区规范化建设，始终坚持把群众利益放在首位，扎实为居民生产生活提供便利，提高社区居民的满意度、

奔流的运河

幸福感、获得感和安全感，社区人民也在党的领导下持续发挥创新创造活力，搏浪前进，继续从“初心铸魂，敢破善立”的精神中寻找推动发展的密码。

（四）敢闯敢试与坚守底线相统一

“初心铸魂，敢破善立”的龙桥精神在实践中体现的是将敢闯敢试与坚守底线有机结合的精神。龙桥精神的敢闯敢试与坚守底线表现在以下两方面：

在部署决策上，既强调先行先试，又明确要在党的方针政策下开展实践活动。党的理念构想和方针政策为敢闯敢试的基层实践活动提供了指导思想和实践方向，规定了基层探索的实践目标、内容和形式，并根据实践的发展不断总结经验、完善指导，这是开展一切实践活动的重要底线遵循。大寨开创的“大寨精神”为全国提供了巨大的精神鼓舞，在全国浩浩荡荡的“农业学大寨”的群众运动中，龙桥根据大寨的经验和党中央的部署，在学大寨的道路上阔步前进，并紧紧抓住用毛泽东思想教育人这个根本，不断夺取生产新胜利。在发展社会主义市场经济中，龙桥人深刻认识到，只有积极响应党和政府的号召，大力发展社会主义市场经济，才能激发广大人民群众参与市场经济实践活动的主体的能动性和创造性。龙桥人将集体资产当作大家共同的财富，走出了龙桥自己的路子，创造了集体资产总量走在前列、年稳定收入走在前列、产业载体拥有量走在前列、合作社现金分红走在前列的“四个走在前列”的发展奇迹。在抗击新冠肺炎疫情期间，龙桥始终谨循党中央“群众利益高于一切，领导责任重于泰山”“生命至上”“人民至上”的理念，科学决策、沉着应对，守好社区的每道关卡，做好疫情防控的“最后一公里”，将人民生命财产安全和身心健康摆在首位。

在推进发展上，既强调清醒认识发展所面临和遭遇的挑战，不畏艰险，大胆探索，勇于突破束缚，又明确要以最广大人民根本利益为重，时刻把人民群众安危挂在心上，不断促进人的全面发展。改革开放以来，在不断创新集体经济发展模式、通往更加完备、更加理性、更加具有温度的全面现代化路上，龙桥发展的“黄金期”和“矛盾期”相互交织，在诸多要素制约的压力下，龙桥基层党组织始终围绕以人民为中心的理念，就一些发展领域提出了底线要求，如始终坚守经济发展的生态环境底线。龙桥在乡镇工业快速发展但自主创新能力不足、消耗较多资源和产生较多污染的背景下，以“既要金山银山，更要绿水青山，绿水青山就是金山银山”为思想共识，始终坚守集体经济的发展模式，没有让集体资产出现流失，以对集体资产的保值增值来大力发展现代服务业，推动生态经济发展，维护人民群众的生态权益。再如在产业升级时，始终坚守资源承受底线，实现可持续发展，向高质量发展迈进。新世纪以来，龙桥在并村重组中失去了部分土地，一些原有的农民失去赖以谋生的资源。在基层党组织和政府的有力领导下，龙桥积极推进产业结构优化创新，不过度开发，也不超前开发，明确了“退二进三”“腾笼换鸟”等发展规划和思路，提升产业层次和业态，以高端服务产业载体夯实集体经济基础，让增值成果惠及社区居民。

纵观整个龙桥发展进程，敢闯敢试的实践探索和坚守底线相互作用，共同推动了龙桥的发展。新时代，在龙桥精神的滋育下，龙桥人对龙桥改革和发展的规律认识得更深刻、更清楚，龙桥社区的党组织的能力、基础和公信力也更高，底线思维方法融汇在经济、政治、文化、社会、生态等社会治理的方方面面，各个领域无不在坚守底线的同时，一步步摸索经验，以敢闯敢试的魄力注重龙桥社区发展的系统性、整体性和协同性。

三、龙桥精神的方法论特色

“初心铸魂，敢破善立”的龙桥精神是龙桥人科学认识的结晶，体现了马克思主义认识论。龙桥精神的产生和不断发展，既是准确把握科学世界观和认识论的结果，也是娴熟运用科学方法论的结晶，呈现出明显的内化和外化相统一、党员干部示范带头、五位一体协同进步等方法论特色。

（一）以知促行、以行促知

龙桥社区在长期的实践发展中，不断深化对社区发展规律的认知。怎么从传统农业转向办工业？如何打破乡村企业小打小闹的局面？为什么要改革集体经济？经济发展新路径和旧的经济模式之间是什么关系？直面的问题越多，认识得越深刻，龙桥发展的科学性、连续性和可行性就越有保障，在党组织的领导下龙桥开始了一系列改革实践。农业学大寨的先行探索中，人们攒着一股让大家吃饱的朴素念想，自力更生、艰苦奋斗，从传统农业生产的思想禁锢中解放出来，激发起了认识自然、改造客观世界的主观能动性，点燃了龙桥人“敢破善立”的革命火花及其首创精神，孕育了龙桥精神的初步形态。在改革开放的时代大潮中，龙桥致力于发展乡村经济，引导集体经济一步步发展壮大，“敢破善立”的龙桥精神由此一步步走向成熟。社会主义新时代，龙桥社区不忘初心、牢记使命，在继续探索和发展壮大集体经济的同时，以习近平新时代中国特色社会主义思想为指导，牢记为民服务宗旨，积极探索现代社区治理模式，从而进一步丰富了“初心铸魂，敢破善立”的龙桥精神。整个探索中，龙桥始终围绕为人民初心这个最大的价值追求逐梦前行，对龙桥基层党组织遵循的这一崇高价值诉求所呈现出的各种举措，龙桥人先是形成一种朴素的情感认知，而后由一些接地气、亲民、易懂的语言和行动，逐渐接近并达到对龙桥精神的把握，进而积极投身于向龙桥美好生活逐梦的伟大实践中。龙桥的事业需要每一个龙桥人全力以赴，如垃圾分类中单个个体的身体力行对龙桥环境更美更绿做出的贡献。社区的共产党人和乡贤干部等也以身作则、率先垂范。龙桥人根据龙桥精神，以强烈的改革创新精神，有针对性地破解发展中遇到的一系列难题，将龙桥精神所内蕴的奋勇拼搏、积极进取、敢破善立、不畏艰辛、敢为人先等理念认识付诸实践，转化为促进龙桥发展的行动，在改造龙桥客观世界中取得更大的成绩，实现“知行合一”。

龙桥精神方法中的以知促行、以行促知坚持了历史唯物主义的立场，彰显了龙桥人在龙桥精神的形成发展中的重大作用。毛泽东在《关于领导方法的若干问题》中指出："将群众的意见集中起来，又到群众中去作宣传解释，化为群众的意见，使群众坚持下去，见之于行动，并在群众行动中考验这些意见是否正确。然后再从群众中集中起来，再到群众中坚持下去。如此无限循环，一次比一次地更正确、更生动、更丰富。"[①] 也就是说，知行合一中认识和实践的基本主体是人民群众，群众与领导、集体与个人的矛盾在其中不断得到解决。龙桥精神在发展中，不断发挥广大人民群众的智慧，如放养水花生作后季稻的基肥，这些经验很快被龙桥大队认可并在苏州各地迅速推广，后面的很多改革措施在下放施行中，也是龙桥的人民群众发现问题进而解决问题，再度集中上去使许多方略更加完善的。也正是龙桥人对龙桥党组织的信任，龙桥才能更有魄力地推动龙桥集体经济在一轮又一轮发展中不断驶入快车道。

（二）党员干部示范带头

"初心铸魂，敢破善立"的龙桥精神是加强党建形成的精神。政治路线确定之后，干部就是决定因素。领导干部肩负着工人阶级的先锋队职责。2015 年中央 1 号文件直接提出："创新乡贤文化，弘扬善行义举，以乡情乡愁为纽带吸引和凝聚各方人士支持家乡建设，传承乡村文明。"龙桥社区从龙桥村发展而来，保留着乡贤干部发挥作用的历史传统，四任书记都以身作则，带头承担责任，着力推进乡贤文化建设，以继承和发扬龙桥精神为己任，借助社区固有的地缘、文化和利益纽带等，发挥自身乡贤干部作用，以文化共同体、经济共同体、民主协商共同体等的构建，增强社区守望相助的精神动力，更好地实现社区文明的传承和发展，积极推动社区各项工作开展。水乡学大寨时期，时任龙桥大队的党支部负责人，以科

① 《毛泽东选集》第 1 卷，北京：人民出版社，1991 年，第 899 页。

学的思想武装头脑，高举水乡学大寨红旗，带领群众投入生产活动，到生产队蹲点指导，挖淤泥、挑肥料，带头苦干，时时处处发挥先锋和模范作用，带头破私立公、团结战斗、严于律己、宽以待人。龙桥村书记先后于1979年、2011年被评为全国劳动模范和20世纪杰出成功人才。龙桥社区党委坚定做大做优集体资产的发展思路，为社区带来的收入逐年增加且呈快速增长趋势。他们积极向外拓展寻求发展，把致富群众作为工作落脚点，也增强了周边地区生活的舒适性。在城市升级改造进程中，克服涉农社区与城市社区原有办事差别等，有条不紊开展各项工作，通过系列配套措施让社区居民感受到政府关心的温暖；在推进集体经济发展中，形成集体有增长、村民享安康的良好势头，连续几年获得农村集体经济发展超五千万社区和农村集体经济发展超千万元社区等荣誉称号；在2020年年初全民抗击新冠肺炎疫情之际，领导班子都坚持不忘初心、勇担使命，每天坚守第一线，把好每道关口，领导班子负责人获评为“全省‘千名领先’村书记”，吴中区“担当作为”社区党组织书记，2020年荣获吴中区劳动模范等称号。

（三）五位一体协同进步

一是推进社区物质文明，发挥龙桥精神促进经济建设的功能。从宽泛意义上来说，物质文明包括生产力的状况、生产的规模、物质财富积累的程度、人们日常物质生活条件提升与改善的状况等，物质文明是精神理念等的重要载体和条件，脱离了一定基础的物质文明，是难以产生精神理念和其他文明的。在半个多世纪的创业历程中，龙桥精神是龙桥社区在推动物质文明建设中的根本指引，龙桥正是将为人民造福的初心使命写在发展的旗帜上，坚持和发展了历史唯物主义关于人民是历史活动的主体和物质财富、精神财富的创造者以及推动历史进步的动力的基本学说，把让人民群众有获得感和过上幸福生活作为社区治理和发展的出发点、落脚点和归宿点。从农业学大寨时期学习大寨精神掀起粮食丰产高产，解决人民吃饱饭，到改革开放时期大胆探索集体入股、按股分红，发展租赁经济和楼宇物业经济，再到新时代的不断转型升级，龙桥始终走共同富裕的道路，也连续多年评为吴中区集体经济稳定收入超5000万元社区。截至2020年，龙桥社区干股股红金额达到635.84万元，现金股红金额达到2192.76万元。在一系列的社区物质文明建设中，龙桥精神也因在不断激发干事创业动力、夯实民生幸福根基、谋求高质量发展中得到滋育。

二是推进社区精神文明建设，发挥龙桥精神促进人心凝聚的功能。在龙桥精神的感召下，龙桥社区通过多样形式的文化娱乐活动，吸引居民共同参与进来。如以具有广泛群众基础的戏曲文化丰富社区成员的业余生活。组建舞蹈队来使大家强身健体，在龙桥有两支小有名气的舞蹈队，舞蹈队的平均年龄在65岁左右，承接了社区多次文艺演出和晚会项目，极大地发挥了大家的积极性和创造性。通过组织各类群众性互助组织等，开展各类志愿者服务活动，培育了龙桥各个年龄层次的人互助互利、乐于奉献的社区精神。目前，龙桥社区共有两支志愿服务队伍，即龙桥社区党群服务中心和龙桥社区志愿服务团队，团队由社区工作人员自发组织，每月至少开展一次志愿活动，区党支部书记也以身作则。如2020年9月1日，在龙桥社区党支部负责人带领下，社区文明城市环保志愿队22名成员奔赴各网格，开展小区环境卫生整治行动。社区每年还会开展2—4次讲座，积极开展多层次的教育培训，请高校专家、专业社会组织等提高社区成员的文化水平，共同营造一种健康向上、催人奋进的文化氛围。

三是推进社区政治文明，发挥龙桥精神促进政通人和的功能。社区的政治文明建设对社区物质文明建设、精神文明建设等都起着重要的保证和推动作用。龙桥社区与时俱进发展民主集中制，对于社区重大决策集体讨论、共同决定，不断完善社区重大事项民主议事制度，积极探索乡土中国的人民当家做主之路，把人民当家做主落到实处，尊重人民意愿，确保人民的命根子牢牢握在手里。在全面落实制度保证的同时，龙桥也大力发展党建，加强和改进社区党组织建设。社区各级党组织是党在社区工作的基础，是发展社区文明的核心。龙桥社区把党建作为社区文明建设的“龙头工程”来抓，紧紧围绕搞好社区管理和服务开展党的建设，积极探索社区党建共建新路子。2019 年龙桥社区党委牵头，联合社会组织、企业、共建部门、社区民警和物业等，以“党建 +”品牌建设为中心，实现非公企业、社会组织和群团组织党员教育、党建服务一体化。围绕党群服务中心，龙桥打造“满桥红”党建品牌，不断夯实以“龙桥精神教育馆”为中心的阵地建设，提供强有力的政治信仰空间供党员宣誓和开展主题活动，党员群众在耳濡目染、潜移默化中加深认识，强化思想引领，夯实自身的初心之念，从而更好地发挥先锋模范作用。

四是推进社区社会文明，发挥龙桥精神促进社会和谐的功能。龙桥在社区社会文明的发展和社会文明的建设中，创新了基层社会治理方式、重视家庭家风家教建设、广泛开展志愿服务活动、健全基本民生公平保障，这些提升了治理中的公共精神“含量”，发展了全过程民主、培育了公民品德、提高了公民素质、拓宽了公共生活，人们更加具有权利意识、制度意识、责任理念、法治精神和平等精神等，无疑提升了龙桥精神的现代性。以社会治理方式为例，基层社会治理方式是社会文明建设的重要途径，龙桥社区着力提高基层社会治理法治化、智能化和专业化水平。龙桥借助基层治理云平台等提升治理的智能化程度，以合法合规形式提

吴中新地标

升纠纷多元化解决能力，认识到社会治理法治化是重要保障，只有健全的制度和程序才能不断提升治理成效。为加强和创新社会治理，完善共建共治共享的社会治理制度，龙桥充分响应长桥街道“和谐微事实”的号召，尊重社区居民的意见和建议，由社区居民民主推选治理项目，制定治理责任清单和执行清单等，并在项目完成后开展“和谐微事实”满意度测评，形成合法尊重民意的闭环，真正做到以人民为中心，赋予了龙桥精神新的时代性。

五是促进社区生态文明，发挥龙桥精神促进美丽宜居的功能。社区生态主要包括绿地、树林、空气、庭院等，龙桥社区在苏州关于生态文明建设顶层设计的引领下，坚持良好的生态环境就是最大的民生福祉的原则，将社区的生态环境纳入社区发展进程中一体规划，把龙桥精神渗透在龙桥居住环境的设计中，大力净化社区环境、改善社区卫生状况，通过社区的雕塑、绿地、花坛等的发展改善，使居民在优美、舒适并且安全的环境中生活。龙桥社区尤为重视垃圾分类工作，早在2018年，部分村就开始了垃圾分类的先行试点，如长桥新村先开始了垃圾收运处理机制的探索，在小区内设置三十余个垃圾分类亭，提高垃圾分类工作开展成效。其后，龙桥社区也实行了详尽的垃圾分类制度，将垃圾分类纳入单位年度工作计划，也纳入员工年度考评成绩，年底对全体工作人员垃圾分类执行情况进行考评。以社区生态文明为抓手对社区生态文明建设开展的一系列活动，龙桥精神唤起了社区的生态意识，发展了生态经济，切实彰显了“环境美、生态优”的“高新颜值”，提升了龙桥精神的含“绿”性。在整个社区文明与社区建设同向发力的过程中，龙桥人直接感受到党和政府的忧民为民之心，增强对社区的归属感，整体把握龙桥精神的全息图景。

结语：

龙桥不断探究事物发展的联系，深刻反映实践对象的本质，不断淬炼成龙桥精神。龙桥精神作为龙桥社区软实力的集中体现和核心竞争力，是推动龙桥社区发展的无形资产和不竭资源，也是彰显该社区文明程度的重要标尺。从历史唯物主义视角来看，龙桥精神集唯物论基石、辩证法意蕴和方法论特色为一体,展示出龙桥精神的丰富内涵。在“红色密码”上，龙桥精神充分体现了历史唯物主义关于人民群众是历史创造者的人民主体性地位这一根本要旨，体现了历史唯物主义把握社会发展大局和历史进程大势的整体观，反映了历史唯物主义持守、求真、务实、创新精神的重要品格。龙桥精神彰显着深厚的辩证法，表现在理想信仰与客观实际的统一、勇于破局与抓住先机的统一、党的领导与群众创造的统一、敢闯敢试与坚守底线的统一。龙桥精神的产生和不断发展，既是准确把握科学世界观和认识论的结果，也是娴熟运用科学方法论的结晶，在方法论上又呈现出明显的以知促行和以行促知、党员干部示范带头、五位一体协同进步等特色。在历史唯物主义视角下对龙桥精神的阐释不会止步于此，而更需要对龙桥精神进行进一步的释读。龙桥精神针对各领域存在的突出问题，以改革创新精神加以破解，并按照马克思主义社会发展整体性的要求，追求自身整体性全面进步，在推动物质文明发展、精神文明提升、政治文明进步、社会文明完善、生态文明攀高上彰显自身的价值，展现初心使命的精神气质，锻铸敢破善立的实践品格，提升自身的内涵深度。

第四章
龙桥精神推动物质文明发展

○ 罗志勇

“人民对美好生活的向往，就是我们的奋斗目标。”

——习近平

“君到姑苏见，人家尽枕河。古宫闲地少，水巷小桥多。”苏州是典型的江南水乡，水网密布，湖泊众多。一个个大大小小的湖泊星罗棋布，散布在城乡之间，犹如一颗颗璀璨的明珠镶嵌在姑苏大地，涵养着这座有2500多年悠久历史的文化名城。如果说遍布苏州城乡的河道宛如一条条灵动飞舞的游龙，那么横跨在这些河道上的一座座古桥便犹如龙的脊梁，千百年来承载着苏州城乡经济社会发展的责任与担当，见证了党领导苏州人民从革命、建设到改革开放不同历史时期的艰辛创业历程与辉煌成就，锻造了苏州人民勇立时代潮头、敢破善立、开拓进取、艰苦奋斗的精神品格和时代风貌。位于山温水软的苏州吴中区长桥街道的龙桥村（社区）人以“初心铸魂、敢破善立”的龙桥精神推动物质文明发展，迈向共同富裕之路，就是新中国成立以来苏州城乡一体化改革发展历程中的一个缩影和典范。

一、龙桥精神推动物质文明发展的重大意义

新中国成立以来，龙桥人民在龙桥村（社区）一批又一批基层党员干部的带领下，充分发挥基层党组织战斗堡垒作用，带领人民群众闯出了一条共同致富奔小康的城乡一体化康庄大道。在社会主义建设、改革开放和中国特色社会主义进入新时代不同历史时期的实践中形成的艰苦奋斗、初心铸魂、敢破善立的龙桥精神，充分彰显了苏州农村以精神文明推动物质文明高质量发展的辩证互动与鲜明的时代特色。作为引领龙桥新时代高质量发展的龙桥精神具有重要的理论价值和现实意义。

（一）民生是最大的政治

初心铸魂、敢破善立的龙桥精神最根本的是一种民本精神。悠悠万事，民生为大。习近平总书记指出："我们的人民热爱生活，期盼有更好的教育、更稳定的工作、更满意的收入、更可靠的社会保障、更高水平的医疗卫生服务、更舒适的居住条件、更优美的环境，期盼有更丰富的精神文化生活，期盼着孩子们能成长得更好、工作得更好、生活得更好，人民对美好生活的向往，就是我们的奋斗目标。"民生是最大的政治。龙桥精神生动诠释了我们党坚持以人民为中心的发展理念在推动农村经济社会发展中的重要价值，集中体现了我们党立党为公、执政为民的性质、宗旨和崇高使命。

"让老百姓过上好日子！"这是半个多世纪以来龙桥村历届基层党员领导干部对龙桥人民群众的承诺。为了这个庄严的承诺，龙桥村历届村党支部领导班子不忘初心、牢记使命，发扬艰苦创业精神，埋头苦干，接续奋斗，开启了龙桥村富民强村发展之路。习近平总书记多次指出："一个政党，一个政权，其前途命运取决于人心向背。"中国共产党在革命、建设和改

革开放的不同历史时期紧紧依靠人民不断创造伟业。人民是党执政的最大底气，也是党执政最深厚的根基。正是从这个意义上讲，民心是最大的政治。然而，民心何以向背？民心所向绝不是无缘无故的。人民群众最朴实、最讲实际，总是从现实利益中酝酿出感情，从直接感悟中升华出理性认知。为了让龙桥村的人民群众日子过得滋润红火，龙桥村党员干部始终把改善和提高人民群众生活水平作为最大的政治，宁可自己吃亏受苦，也要想方设法把村集体经济搞上去，在兑现初心使命中彰显党员领导干部的责任与担当。

改革开放根本目的就是要让人民过上好日子。党的十八大以来，以习近平同志为核心的党中央坚持以人民为中心的发展思想，把保障和改善民生放到突出的位置。我们党坚持以经济建设为中心，紧紧抓住发展这个第一要务，不断满足人民日益增长的美好生活需要，始终把人民安居乐业、安危冷暖放在心上，时刻把群众的困难和诉求记在心里，努力办好各项民生事业。我们党在实践中坚持先富带动后富、逐步实现共同富裕，推动人民生活质量和社会共享水平显著提升。经过近 70 年的艰苦努力，龙桥村党委向人民群众交出了一份沉甸甸的民生答卷，在全市农村经济社会发展中实现了“四个走在前列”：一是集体资产总量走在前列。截至 2020 年底，龙桥社区 GDP 总值达 14 亿元，总资产达 14.98 亿元，净资产达 10.5 亿元，均位列吴中区各村（社区）首位，成为远近闻名的富裕村（社区）。二是集体经济总收入跻身全区前列。2020 年，尽管受新冠肺炎疫情的冲击和影响，社区集体经济稳定收入仍然到 6913 万元，分别处于吴中区和全市平均的上游水平。三是固定资产存量在全区（市）名列前茅。截至 2020 年底，社区各类经营用房面积累计达 228782 平方米，位列吴中区各村（社区）第 2 位，远超吴中区全区平均水平。四是合作社村民人均年收入走在前列。2020 年社区合作社人均年收入达 54392 元，为吴中区平均水平的数倍，位列吴中区各村（社区）首位。（见下表）

2017—2020 年龙桥社区经济发展统计数据

年份	2017 年	2018 年	2019 年	2020 年
村稳定收入	7690 万元	7430 万元	7422 万元	6913 万元
经营用房面积	313992 平方米	307100 平方米	287436 平方米	228782 平方米
总资产	11 亿元	12 亿元	14 亿元	14.98 亿元
净资产	9 亿元	9.2 亿元	10.2 亿元	10.5 亿元
人均年收入	48376 元	50568 元	53325 元	54392 元

党的十八大以来，在习近平新时代中国特色社会主义思想指引下，龙桥人民进一步继承和弘扬龙桥精神，焕发出干事创业的生机和活力。龙桥社区先后获评为江苏省和谐示范社区、江苏省文明社区、江苏省民主法制社区、苏州市村级经济发展标兵村、苏州市实现“两个率先”先锋社区、苏州市城乡一体化改革发展先进集体，连续多年获评为吴中区集体经济稳定收入超 6000 万元的全面小康社区。

（二）奋斗是幸福的源泉

初心铸魂、敢破善立的龙桥精神是一种艰苦奋斗精神。习近平总书记指出：“幸福都是奋斗出来的。”把蓝图变为现实，将改革进行到底，无不呼唤不驰于空想、不骛于虚声的奋斗精神，无不需要一步一个脚印踏踏实实干好工作。天道酬勤，日新月异。唯有奋斗，才是幸福生活的源泉。

一部龙桥村的经济社会发展史，就是一部苏州农村艰苦奋斗、自强不息创业史的缩影。新中国成立以来，龙桥人民用实践生动诠释了“幸福都是奋斗出来的”这个朴素而又深刻的哲理。

在社会主义建设时期，为了吃饱肚子，龙桥村群众在党的领导下学习发扬农业学大寨精神，通过苦干加巧干，向土地要粮食，大胆探索水稻稳产高产的技术。在党中央发出“农业学大寨”的号召下，龙桥大队党员干部带头破旧立新，大队社员出工争先恐后，农业生产热火朝天，龙桥村成为水乡学大寨的一面旗帜。为了让人民能吃饱饭，为了让农业的发展有一个长期的奋斗目标，龙桥大队积极响应党和国家号召，以负重奋进、敢为人先的精神，硬是创造出了“亩产超三纲”的骄人成绩，通过艰苦摸索精耕细作经验，创造了水稻单产新纪录，为农业学大寨时期龙桥精神的孕育打下了坚实的物质基础。

党的十一届三中全会胜利召开揭开了我国波澜壮阔的改革开放的序幕，也揭开了龙桥人民艰苦奋斗、发家致富奔小康的历史新篇章。龙桥人深知，要实现全面小康的新生活，除了要继续继承和发扬艰苦奋斗的创业精神，还要解放思想，大胆探索，勇于创新。龙桥人在基层党支部党员干部带领下，探索横向联合发展路径，大胆突破计划经济体制禁锢和小农经济意识，创办工业企业，并开始组建集团，发展乡村工业，龙桥村由此进入了“农转工”的崭新历史发展阶段。大批龙桥村民成为“半工半农”和“亦工亦农”的农民与工人兼备的双重身份。原来世世代代只知道和土地打交道的龙桥村民，在实践中开始学习并掌握市场经济的基本知识。

2005 年，龙桥社区组建成立物业股份合作社，一是积极动员村民投资入股集体经济，以 1 万元为一股，在原有股民中进行增资扩股共 2038 股，共有 746 户、1288 名股民参与入股，年终按股分红，分享市场经济条件下集体资产经营增值带来的红利。二是用好“项目扩股”办法，不断增加股民分红收入。2011 年针对原“征土工”居民实行扩股，每人增资 2

万元，共有 1330 户、2150 名符合条件的居民入股，参股率达 95% 以上，筹集股本 4100 万元。三是增资扩股，发展壮大集体经济。2014 年 3 月，对现有股民进行增资再扩股，每人增资 3 万元，共有 1281 户、3960 名股民参与入股。筹集股本 1.2 亿元。截至 2020 年底，除部分股民因个人原因退股外，龙桥社区村民入股金额总计 18273 万元，发放股金红利 2192.76 万元。

（三）党员是致富的头雁

初心铸魂、敢破善立的龙桥精神是党员干部率先垂范、带头奋斗的精神。在自然界中，有一种现象叫"头雁效应"。俗话说："雁高飞，头雁领。"在波澜壮阔的农村创业发展历程中，龙桥人充分发挥优秀党员干部"领头雁"的先锋模范作用，率先垂范带领龙桥村群众向着党制定的在新世纪全面建成小康社会和实现现代化强国的宏伟目标同心同德、奋勇前行。

习近平总书记多次强调，领导干部要坚持身体力行，以上率下，在全面从严治党、坚定理想信念、加强作风建设、陶冶道德情操、形成风清气正的政治生态等各方面发挥好示范带头作用，形成"头雁效应"。在全面建设社会主义现代化国家，实现社会主义共同富裕的征程中，各级领导干部作为"关键少数"，是各个地方、各个领域、各个单位、各级组织的"头雁"。古语云："安不忘危，盛必虑衰。"作风建设必须常抓不懈，才能确保作风的持续好转。在作风建设中需要领导干部发挥"头雁效应"，做到政治过硬、本领高强，以上率下、严格自律，模范践行忠诚干净担当要求，在方方面面做好表率当好标杆。只有领导干部提高政治站位，在高举习近平新时代中国特色社会主义思想伟大旗帜上做表率，以对党绝对忠诚、对人民群众担当负责的政治品格投入工作中，才能取得事业成功，才能真正赢得民心，维护基层党组织的权威和尊严。

村子富不富，关键看支部；支部强不强，要看领头羊。作为农村改革发展的典型和“龙桥精神”发源地的龙桥社区就是领导干部发挥“头雁效应”带领人民群众发家致富的典范。2016 年 8 月，龙桥社区新一届党委成立，继承和发扬“初心铸魂 敢破善立”的龙桥精神，不断开拓创新，带领社区不断迈上新台阶。在龙桥社区党委领导下，龙桥社区通过“建设三部曲”不断壮大集体经济。一是配合旧城拆迁改造，将集体资产成功转化成集体经济发展的资本。二是坚持集体资产只租不卖的发展原则，将社区所属的集体房产出租，确保资产不流失，同时壮大资本。三是利用多年积累的资本金建设楼宇出租，发展楼宇经济。

在党委坚强领导下，近几年来龙桥社区村级经济总收入由 2017 年的 8677 万元稳步增长至 2019 年的 9328 万元，村民人均年收入也水涨船高，从人均 48000 元增长至 53325 元，形成了“集体有增长，村民享安康”的良性循环。正是一届又一届龙桥党组织领导班子成员自觉地把龙桥精神当作接力棒，薪火相传，接续奋斗，才创造出龙桥一个又一个发展奇迹。

走进龙桥社区党群服务中心，党员之家、远程教育站点、职工之家、青少年之家、妇女儿童之家等载体功能多样，满足了不同群体、年龄层次居民的生活需求，定期开展的社区活动，也让居民们找到久违的邻里亲情。近两年，长桥街道重磅打造的红色运河健身步道、社区打造的“龙桥精神教育馆”，也已经成了长桥街道乃至吴中区的党建热门“打卡地”，这里把基层党建工作展示同地方历史文化结合起来，用现代化的手段进行展示，跳出“就党建讲党建”的宣传思维，受到社区百姓和参观游客的一致好评。

股民分红

“活动阵地的建设，让社区实现了物理上的服务保障，而社会组织的进驻，则是要着力帮助社区建立起自治的能力，发掘社区能人，提升社区各阶层力量的凝聚力，最终培育出本土的社会组织，建立起一套成熟的自治机制，从而更好地服务基层群众。”社区工作人员说。

千百年来，贯通南北的京杭大运河从苏州吴中区穿城而过，给沿岸百姓带来了繁荣发展的勃勃生机。位于苏州京杭大运河苏州段的五龙桥是龙桥精神的发源地。新中国成立以来，龙桥人民在党的领导下在干事创业实践中不断发扬龙桥精神，坚持把人民对美好生活的向往作为奋斗目标，按照“党建要强、群建要活、社建要优”的工作要求，着力解决群众的操心事、烦心事、揪心事，通过打造区域联动、辐射带动、群团互动的共建共治共享新格局，不断增强人民群众获得感、幸福感、安全感。

二、龙桥精神推动物质文明发展的经验做法

回顾新中国成立七十多年来龙桥村经济社会发展的历程，龙桥人民在党的领导下，发扬艰苦奋斗、敢破善立的时代精神，紧紧围绕以经济建设为中心，抓住不同时期的历史机遇，不断推动物质文明发展，不断改善民生，促进社会文明进步。从农业学大寨时期学习大寨精神掀起农业生产，提高粮食丰产高产，解决人民群众吃饱饭，到改革开放以来投身市场化浪潮，敢破善立、大胆探索集体入股、按股分红的股份制，发展租赁经济、楼宇物业经济，不断壮大集体经济，让龙桥人民共享改革发展红利，探索总结出了一系列行之有效的龙桥特色物质文明发展之路。

（一）坚持穷则思变，激发干事创业动力

思想是行动的先导。思路决定出路。在中国农村经济社会发展的各个阶段，任何一个地方要取得跨越式发展，都离不开当地干部和广大群众的思想解放和观念更新，离不开与时俱进的调整发展政策和方向，始终坚持创新是发展的第一动力。这就是“敢破善立”的龙桥精神的丰富内涵。龙桥精神也是改革开放以来形成的以“三大法宝”为核心的苏州精神的重要组成部分。

党的十一届三中全会以来，龙桥村开启了波澜壮阔的改革开放发展新阶段。在以家庭联产承包责任制为核心的农村改革中，作为人多地少的龙桥村是沿袭其他地区的发展模式，把有限的集体土地分给一家一户搞包产到户，还是另辟蹊径，因地制宜发展集体经济？在全面分析村情的基础上，龙桥村党支部做出了一个大胆的决定：顶住压力不转制，留住集体经济的家底，以集体土地为依托，实现抱团发展，壮大集体经济，让改革发展成果实现全村共享。

进入新时代，龙桥村高举中国特色社会主义旗帜，继续大力传承和弘扬龙桥精神，谱写出建设社会主义新农村的新篇章，推动龙桥精神与时俱进，赋予龙桥精神以新的时代内涵。这种新内涵深刻地体现在坚持党的领导，不断加强村党组织建设，充分发挥党建对各项工作的引领作用，以领导班子的精诚团结和务实苦干做好示范，促进村集体坚守发展的共同体主义，善于改革创新，勇于闯荡市场，不向苦难低头，齐心协力脱贫致富，持之以恒壮大集体经济，让龙桥村经济上强起来，生活上富起来，文化上硬起来，社会文明程度高起来，生态环境美起来，人际关系善起来，精神风貌好起来。真正体现了“别人不敢干的我敢干，别人一窝蜂干的我不干”的敢破善立、干事创业的龙桥精神。

回顾龙桥村集体经济持续发展的艰难历程，龙桥人民干事创业大致经历了自主发展、整合发展、抱团发展、深化改革四个发展阶段。一是2003—2009年的自主发展阶段。村村组建股份合作社，并相继组建物业股份合作社，扩大现金入股规模，其间村均收入和农民户均分红分别增长2.5倍和8倍。二是2009—2011年的整合发展阶段。对原有15个资产股份合作社进行资产合并重组，共量化净资产7.22亿元，鼓励各社区股份合作社引导农民以现金入股6亿元，加快集体经济载体建设，到2010年底拥有村级物业75万平方米。三是2012年开始的抱团发展阶段。先后组建长桥集团公司、长桥富民合作联社，投资15亿元跨地区收购优质资产60万平方米，950亩土地，收购资产占村级资产55%，促进集体经济在城市化进程中不断转型发展。四是2014年开始的深化改革阶段。2014年结合街道实际，对股本金的确认、股权设置的比例、个人股设置的类型、享受股权的人员实行基本固化的股权固化改革，2019年实行了“生不增、死不减”的股权固化；2015年全面进行清产核资；2016年，对组织功能、选民资格、人员管理、议事决策和账目资产五分开的全面“政经分开”改革；2017 年居委会实行预算管理；2018 年村级资产实行集中经营管理，取得了明显成效。

（二）壮大集体经济，夯实民生幸福根基

集体经济发达是苏州农村发展的一大特征。在发展农村经济中，牢固树立发展的共同体意识，坚持集体所有制为主体，是龙桥村不断壮大集体经济，夯实龙桥人民群众民生幸福物质基础所遵循的一条基本原则。

自从农村改革开放以来，一些地区在推行农村集体产权改革中导致了集体经济的衰落，甚至是土崩瓦解，集体资产流失严重，往往是富了少数人，而多数村民没有得到实惠，加剧贫富两极分化，引起人民群众的不满。而龙桥村始终坚持壮大集体经济的发展方向，在推动农村改革中非但没有使集体经济萎缩凋敝、一蹶不振，还从“集体经济即村办企业”的传统思维中走了出来，通过推进集体承包土地股份合作社、社区股份合作社、投资性物业（富民）合作社等制度创新，使传统的集体经济的实现形式和发展路径实现了质的变化。农村集体经济组织已经从过去直接兴办集体企业，转变为主要发展集体物业，农民与集体经济的关系也更加紧密。在苏州推进“三大合作”改革的热潮中，龙桥村群众已经走上了一条“户户有资本、家家成股东”的新的共同富裕之路。

1. 涉农社区联手，加快抱团发展。

一是组建富民合作联社。按照城区要求，为解决单个社区资金少、开发单体小的障碍，2014 年 3 月，在长桥街道的指导下，由龙桥社区牵头，7 个社区共同出资 4.5 亿元成立“长桥富民股份合作联社”，其中龙桥社区占出资总比的 30%，联手参与市场竞争，经营范围包括合作开发、收购项目载体、房屋租赁、物业管理等。2014 年 5 月，联社以 3.9 亿元收购

位于开发区的友新实业集团200亩土地、17万平方米厂房的工业区，可增加年租金收入3000万元。2016年5月，股份合作联社投入4.2亿元收购了位于开发区天鹅荡路的友新工业区，该工业区占地200亩、工业厂房17万平方米，每年可为龙桥社区增加年租金收入3000万元。

二是组建长联置业公司。2015年3月，为了避免社区单打独斗、各自为政陷入恶性竞争，提升社区经济发展整体竞争优势，7个涉农社区共同出资组建长联置业发展有限公司，以完全市场主体负责所有长桥街道所辖社区的新投资村级项目。至2015年8月，公司共投资3.02亿元收购了位于越溪南官渡路28号、开发区善兴路99号厂房、姑苏区胥江路8号商业地产及吴江松陵镇友谊工业区苏州通久泰食品有限公司全部股权，为公司带来2000万元收入。

2. 扩股增红，提高居民收入。

近年来，龙桥整合社区投资，深入推进股份合作改革，积极引导村民入股分红，努力提高居民收入保障水平。2018年3月，社区对现有股民进行增资再扩股，每人增资3万元，筹集股本1.2亿元。截至目前，社区股民每人每股达5万元。得益于社区资产增值较快、资产收益率较高，龙桥社区党委决定将每股红利率由最初的8%提高到现在的12%，社区全年累计股金分红达2000多万元，社区居民在共享社区发展成果中，获得感、幸福感进一步增强。

龙桥社区历年股红发放汇总表

单位：万元

年份	干股股红			现金股红			备注
	户数	人数	金额	户数	人数	金额	
2005				746	1288	203.8	

·续表·

年份	干股股红			现金股红			备注
	户数	人数	金额	户数	人数	金额	
2006							
2007							
2008							
2009	1369	3638	170.46	758		273.52	
2010	1369	3615	232.36	758		289.56	
2011	1369	3578	221.48	1337		391.86	
2012	1369	3534	273.3	1336		698.96	
2013	1369	3498	271.6	1335		719.73	
2014	1369	3450	267.55	1359		1532.825	
2015	1369	5707	381.7	1359		1991.04	
2016	1369	5679	379.65	1359	3299	2171.035	
2017	1369	5588	413.1	1359	3299	2171.035	
2018	1369	5562	417.58	1359	3299	2195.28	
2019	1369	5546	466.44	1359	3298	2195.04	
2020	1369	5529	635.84	1358	3294	2192.76	

苏州龙桥：渔民变股民　幸福来敲门

作者：李超　王康

“今年村里分红早就到账了，每年都很快，我们家3个人加起来有2万多元。”苏州吴中区龙桥社区50岁的村民周金妹谈起村里的集体经济分红时，乐呵呵地说。

如今，她和女儿、女婿一起住在300多平方米的公寓里，除了女婿不是本村人，家里都参加了龙桥社区的“现金入股”。

龙桥社区原本是苏州吴中区的一个小村落，经过合并周围4个村和一个居委会，现在人口超过1.3万人。

20世纪六七十年代的龙桥人基本以种地和打渔为生，日子过得很辛苦，周金妹的父母就是长渔自然村的渔民。高中毕业的周金妹在村里算得上“高学历”了。“我父母那一辈人全都没有上过学，我小时候也总是在船上。”周金妹回忆说，20世纪80年代村里鼓励“渔民上岸”，父母去了工厂做工，他们才在陆地上有了一个60平方米的家。“那时候就是一个农房，两个房间，我们家里5口人挤着住。”

“那时候龙桥还没有合并成一个整体，长渔村、长桥村都没有什么发展规划，我们老百姓也是很迷茫的。”周金妹说，20世纪90年代，村里人都各顾各的，手里有了点闲钱也不知道怎么花。

2003年，4个村和1个居委会组成了现在的龙桥社区，抱团发展下的几个“小农村”有了“大本钱”，雄厚的集体资产被用来建工厂、招商、投资。仅过去两年，龙桥社区就推出了“现金入股”，把集体赚来的钱以股份制分红给村民。

打开家里的《农村股份合作社股权证》，周金妹说，作为第一批入股村民，她早就把本金赚了回来。“2005年入股1万元，分红比例是10%。现在我已经入股了5万元，分红比例也涨到了12%，所以我每年都有6000多元的分红。”

2005年，社区刚推行“现金入股”时，很多村民还在观望。周金妹自认为“消息灵通”，打听了村里集体资产运营状况，马上就入了股。让她没想到的是，才过去两年，分红比例就涨了2%，村里还开通了“增股”业务。“这下村里就热闹了，家家户户都去办，能投多少投多少。”周金妹摆弄着手里的两本“增股证明”，笑着说这些都是排队“抢来的”。

2011 年以前，银行转账业务还没有现在这么普及，龙桥社区分红还是发放现金。每到年底，村民都齐聚在龙桥社区办公楼大厅里，领完了分红，正好一家人上街置办年货。“这种感觉就像过年领红包一样，大家都叽叽喳喳地讨论，谁家今年又领了多少。”周金妹说，大伙儿有了期待，每年领分红时，都会问村干部什么时候还可以再增股。

在龙桥社区党委副书记金晓平看来，社区群众高涨的入股热情，是对龙桥集体经济发展状态最好的认可。“老百姓相信我们，我们一定要把社区的福利越做越好。”

对周金妹来说，分红带给她最大的便利就是解决了家里老人养老问题。“我们都帮家里老人办了入股，村里还对失地农民发放了股份补贴，一年也能领 1000 多元。”老人每年除了退休工资和养老金，还有 7000 多元额外收入，周金妹完全不用为他们日常花销担心。

在城市化背景下，龙桥社区做大做强集体经济的经验，很快被复制。2016 年 11 月，长桥街道成立了苏州长联置业发展有限公司。包括龙桥社区在内的 7 个涉农社区实行“抱团发展”，专门整合资金，开启了深化农村改革——“政经分开”和集体经济转型发展新的探索和创新。目前，当地的 7 个涉农社区已完成政经分开工作，建立了现代企业制度。

这些年来长联置业公司频频出手，大力开展异地收购，为集体经济带来了不菲的租金收入，为股民带来可观的股金分红。如今，包括周金妹在内的股民对集体资产的进一步发展充满了信心。“这样发展下去，我们得到的实惠也越来越多。”周金妹说。

3. 做强“房东经济”，做优集体资产。

随着农业用地不断转化为工业用地和居民集聚地，龙桥村成为吴县人民政府所在地的核心区域，1988 年龙桥村的土地全部被征用，从此，龙桥人彻底进行了身份的转换，告别了祖祖辈辈都是农民的身份，开始成为城镇化中的市民。龙桥人因地制宜、审时度势，顺应吴县工业化和城市化进程，前瞻性地确定了龙桥要根据自身区位优势以发展三产服务业为主导的产业布局，龙桥村自此进入发展三产服务业的新阶段。

近年来，龙桥社区探索制定了“一村二楼宇”富民强村政策，加快推进龙桥大厦建设，助推楼宇经济发展，不断做优集体经济。龙桥大厦项目位于冬青路 43 号，计划总投资 3 亿元，建设用地 17 亩，主体建筑由 2 幢分别为 23 层和 17 层的塔楼组成，总建筑面积 7.4 万平方米，建成后包括餐饮、康体、会议、客房等，功能及设施完善。原以“退二进三”手续立项的人防、抗震、环评、交评等审查已通过，选址、用地许可证手续

香雪海广场

已办理结束。由于政策调整，现改用“一村二楼宇”方案，发改立项、规划选址、方案审定、土地评估结束，目前正在办理土地出让手续，预计2016年初开工。

2016年龙桥社区落实开展清产核资、实施股权固化、推进抱团发展、实行人员分流和完善公共服务“五项重点”工作，建立了现代企业制度，按照现代企业制度要求，理顺内部管理机制，加强联社、各股社的管理，实行统一管理、统一经营、统一分配的公司化、市场化运行模式，进一步做大做强社区的集体经济，成功地探索出一条具有龙桥特色的集体经济发展之路。

（三）不断转型升级，探索高质量发展路径

龙桥村党员干部积极主动顺应时代潮流，善于在社会变革中抓住机遇，推动集体经济不断转型升级，实现跨越式发展。这是龙桥村物质文明建设的又一条基本经验。无论是社会主义建设阶段的农业学大寨时期，还是改革开放时期，龙桥人始终凭着敢破善立的龙桥精神，秉持着发展壮大集体经济、走共同富裕道路的初心，始终坚持以解放思想为先导，在团结一心的发展道路上实现突进，在敢为人先的突破中寻求创新，凭借“敢破善立”的精气神保持了干事创业的激情闯劲，探索一条实现集体经济可持续高质量发展道路。

1.“农”转“工”，大力发展乡村工业。

1978年，改革开放的春风吹遍大江南北，面对人多地少的现状，龙桥人解放思想，依靠横向联合路径，大胆突破计划经济体制禁锢和小农经济意识，创办了苏州市金属轧制厂龙桥二分厂等工业企业，并开始组建集团，发展乡村工业，龙桥大队由此进入了传统农业向乡村工业转型发展阶段。随着乡村工业的发展，大批龙桥村民洗脚上岸进入工厂企业工作，成为“半工半农”和“亦工亦农”的产业工人。原来世世代代只知道和土地打交道的龙桥村民，在实践中开始学习并掌握市场经济的基本知识。龙桥人凭借强大的开拓进取精神，揭开了集体经济腾飞的序幕。

2.“二产”转“三产”，第三产业蓬勃发展。

龙桥人在发展社会主义市场经济中深刻地认识到，只有积极响应党和政府的号召，大力发展社会主义市场经济，才能激发广大人民群众参与市场经济实践活动的主体的能动性和创造性，才能促使资源得到最合理的配置，也才能极大地激发人民群众的主体性和创造性，推动集体经济的发展。1982 年，龙桥村在团结桥南创办了华龙饭店，这标志着龙桥人“二产转三产”迈开重要步伐。作为吴县人民政府所在地的核心区域，1988 年龙桥村的土地全部被征用，从此，龙桥人因地制宜、审时度势，顺应吴县城市化进程，前瞻性地确定了龙桥以发展三产服务业为主导的产业布局，龙桥村自此进入发展三产服务业阶段。

3.“多条腿走路”，集体经济集团化发展。

进入新时期，处于城郊结合部的龙桥在苏州加快城乡一体化进程中，村级集体农用地基本被征用，涉农社区失去了土地，靠什么发展，涉农社区居民如何持续增收，走向共同富裕？龙桥人再一次以敢破善立创造了奇迹。

1996 年，龙桥村扬弃单一的集体经济结构，探索集体经济多元化的组织方式，成立了江苏龙桥集团，注册资本 4200 万，是当时吴县首个村一级的省级集团，依托省级集团的优势，整合和优化了龙桥村的经济资源，实现了“政企分离”，建立起了现代企业管理制度。这一经济组织形式的创新，提高了龙桥集体经济的发展速度，进一步增加了龙桥集体经济的积累。

4. 农村社区化、农民市民化、城乡一体化融合发展。

2003 年，对龙桥人来说是关键的一年。为了加快城乡一体化发展，在苏州市吴中区政府的决策部署下，龙桥村与长桥村、月浜村、长渔村、龙桥老街合并为龙桥社区，合并后的龙桥社区户籍人口猛增至 8950 人，在经济社会发展功能定位上，龙桥社区股份合作社负责集体经济的运作与经营，龙桥居委会负责社区管理服务，为社区经济事务发展不断注入活力。

进入新时期，在长桥街道统一规划和指导下，龙桥社区开始实行“退二进三”的产业结构调整，即以工业用地发展城区第三产业，整合未被征用的集体土地以及积累的资金、人力人才资源，社区每年投入 8000 万元用来发展经济和基础设施、公共事业，集体经济从此驶上了快车道，实现了经济社会发展一年上一个新台阶的目标。

5.“农民变股民”，不断提升村民获得感、幸福感。

2004 年起，龙桥探索股份合作制改革，先后拆除零星旧厂房 1 万多平方米，分别在宝带东路建设 2 万多平方米载体引进苏州广慈肿瘤医院，在迎春路建设 4 万多平方米的东吴水韵假日酒店，努力壮大社区总部经济、税源经济，直接增加集体收入 3000 多万元，为股份制改革积累了基础。这一创新之举使龙桥抓住“资产量化”的契机，通过推进资产股份合作制改革，创新农民利益联结机制，将集体资产的 50% 折股量化给每一个村民。2006 年，龙桥社区鼓励村民投资入股龙桥物业股份合作社，以 1 万元为一股，每年分红 1200 元，保证村民每年集体分红以 10% 的速度增长。

2008 年以来龙桥社区紧紧抓住金融危机下蕴含的机遇，先后收购了南开大酒店资产，乾康大酒店资产，南湖路三威集团 98.5 亩土地、

人民日报 HUADONG XINWEN

华东新闻

2003年11月

4

星期二

村村合作社　个个有股份

苏州长桥农民持股进城

《人民日报》报道

2.7万平方米厂房，友翔路雅新服装针织有限公司51.1亩土地、4.6万平方米厂房，光福润基塑业40亩土地、16000平方米厂房、郭巷荣礼电子等优质资产，总收购资金超过4亿元，使龙桥社区成为吴中区第一个“走出去”发展的农村社区。2009年，社区组建成立龙桥社区股份合作社，在原来设股的股民中推行了增资扩股，达每人每股5万元，年分红利率为12%，全年分红近2000万元。社区鼓励农民入股，真正实现农民持股进城，获得股份分红与资产增值收益。同时实现“积小资金做大项目”，农民抱团进城投资当大股东的转型发展战略目标。龙桥集体经济组织形式的一系列创新，找到了新的历史条件下集体经济最有效的组织形式和发展方式。

龙桥社区创造了吴中区农村改革发展的多个第一：长桥街道第一批股份合作社试点社区，第一个实施跨区域发展“飞地经济”的社区，第一个集体经济收入三年内分别超3000万元、5000万元、8000万元的社区，吴中区首个股份分红过万的社区。2014年3月，由龙桥社区牵头，吴中区长桥街道7个涉农社区共同出资4.5亿元成立了“长桥富民股份合作联社”，其中龙桥社区出资1.35亿元，占30%股份。5月联社首次出手，以3.9亿元收购了位于吴中经济开发区的友新实业集团200亩土地、17万平方米厂房的工业区，将其打造成具有特色的富民工业园。龙桥社区联合其他社区，走上了抱团发展新模式，集体经济发展再上一个台阶。

三、龙桥精神推动物质文明发展的价值启示

马克思主义唯物辩证法告诉我们，物质与精神是辩证统一的关系，二者可以实现相互转化。任何具有激励人们持续不断地创新创业创优努力奋斗开拓进取的精神文化，都是特定时代的产物，都会打上时代进步的深刻印记并发挥推动时代发展的重大价值功能。龙桥精神体现了经济基础决定精神文化的产生和内容，精神文化又反作用于经济基础的马克思主义基本原理。在社会主义伟大实践中淬炼形成的龙桥精神是物质文明与精神文明相互转化、相互促进的生动诠释。在半个多世纪的创新创业历程中，龙桥村坚持以人民为中心，发扬艰苦奋斗的精神，充分认识到人民群众是历史发展和社会进步的主体力量，也是物质文明和精神文明的建设者和享有者，坚持走共同富裕的社会主义道路，为新时代城乡一体化发展提供了有益的启示和借鉴。

（一）发扬艰苦奋斗的精神

初心铸魂、敢破善立的龙桥精神充分展示了艰苦奋斗的精神气质和精神品格。习近平总书记指出："不论我们国家发展到什么水平，不论人民生活改善到什么地步，艰苦奋斗、勤俭节约的思想永远不能丢。艰苦奋斗、勤俭节约，不仅是我们一路走来、发展壮大的重要保证，也是我们继往开来、再创辉煌的重要保证。"新中国成立以来，龙桥村（社区）从社会主义建设时期成为农业学大寨的典范，到改革开放时期不断探索转型发展新路径，融入苏州城乡一体化大战略，壮大集体经济，实现全村人民群众共同富裕的美好愿景，贯穿始终的精神品格就是高举艰苦奋斗的旗

帜，用埋头苦干的精气神创造美好幸福生活。

莫泉林是一个土生土长的龙桥人。在他的童年记忆里，印象深刻的是父辈们在田间劳作、水稻拔节孕穗、稻谷丰收满仓的喜悦和幸福感。伴随着城市化的发展，儿时记忆中的一片片农田被高楼大厦取代。龙桥人敢破善立的精神鼓舞下，已经五十多岁的莫泉林走上致富创业的道路，着手创建了苏州湖嘉生态农业有限公司、苏州临发农机专业合作社。

苏州湖嘉生态农业有限公司的前身是苏州市望亭董巷家庭农场。2015 年莫泉林的公司在吴中区临湖镇湖桥村承包高标准农田 2000 余亩，年产优质稻米 700 吨左右，实现全程机械化种植达 95%，为周边种植户提供农机服务 2000 余亩，年烘干稻谷 1000 多吨。基地现重点种植优质食味水稻苏香粳 3 号、苏香粳 100 系列。主要生产销售有：湖嘉牌大米、湖嘉牌香米、湖嘉牌粥米、湖嘉牌生态米、湖嘉牌精穗米以及家乡菜籽油等产品，重点供应江、浙、沪等地区。近年来，湖嘉大米 2017 年荣获“苏州市地产优质大米金奖”“苏州品牌博览会十大最受欢迎品牌” 2018 年荣获“江苏好大米特等奖”“苏州十大地产优质大米金奖”“苏州大米十大价值品牌”等荣誉。

回望创业路，莫泉林感慨万千，深知创业的艰辛与不易，懂得幸福是奋斗得来的深刻道理。在新的一年里展望未来，莫泉林表示将“不忘初心、牢记使命”，在习近平新时代中国特色社会主义思想的指引下，发扬艰苦奋斗的龙桥精神，推动公司高质量发展，通过完善自身品牌建设助力乡村振兴战略实施，为全力推进“苏州大米”品牌建设而继续奋斗。

（二）用好敢破善立的辩证法

穷则思变，用好敢破善立的辩证法。这是龙桥精神推动物质文明发展的又一价值启示。在不同历史时期，龙桥人民直面经济社会发展中的各种难题，以大胆探索，勇于创新的精神克服前进道路上的种种困境，为龙桥的发展注入源源不断的创新动力。

在社会主义建设时期，面对人多地少的农业发展瓶颈，为了向有限的耕地要口粮，为了吃饱肚子，敢想敢闯的龙桥人通过改革试验，摸索出了“两段育秧”的种植办法，通过先在家育秧，再移秧到农田的办法，打破了秧苗在农田里育的传统水稻耕作经验和“百分之百双三熟从来没有人干过”的老观念，探索总结出了江南高产地区产量的新标杆、新经验。

改革开放四十多年来，龙桥人传承和弘扬了老一代龙桥人用不变的初心铸就的“敢破善立”的精神品质，历经农业化、工业化、现代化各个时期的龙桥人，经历了从农民、居民到股民的身份转换，凭着敢为人先、敢闯敢干的朝气和勇气，在发展集体经济、共享发展成果中又走出了一条具有龙桥特色的富民之路，创造“四个走在前列”的辉煌成就。

一是在遇到资源瓶颈时，探索异地收购土地新路径，不断拓展集体经济发展空间。由于城市化进程的加速，龙桥村集体土地日益紧张，龙桥人大胆探索“走出去”的新发展途径，通过异地收购土地和资产，实现龙桥集体资产的保值增值。截至2020年，龙桥社区异地资产达到22万平方米，320亩土地，年收入3500万元，成为推动集体经济发展的强大引擎。

二是用抱团发展增资扩股，破解集体发展资金不足的难题。推动异地收购土地和资产面临资金缺口问题，如何筹措资金成为一道难题。针对现代服务业项目建设所需资金量庞大、单一社区综合实力略显偏弱且抗市场风险能力差的实际，龙桥社区主动联合七个涉农社区，共同出资4.5亿元成立“长桥富民股份合作社”。2014年5月，长桥富民股份合作社以3.9亿元的价格收购了位于吴中经济开发区的友新实业集团工业区，共计200亩土地、17万平方米厂房，年租金收入增加2500万元。

三是在抢抓机遇中推进产业结构的调整。龙桥地处吴中区核心地段，产城融合需要大力发展商业和服务业。龙桥抓住“退二进三”的政策机遇，以发展三产服务业为主体进行产业布局。工厂用房经腾龙换鸟，楼房长高了，价值提升了，资产又得到了升值。龙桥社区鼓励和引导农民把手中的闲散资金以现金入股、增资扩股形式集中起来联合投资置业，实行股份不低于11%的保底分红，有效解决了发展资金问题，降低了投资风险。目前，农民入股6.02亿元。集体经济项目开发建设的自有资金、农民现金股份、银行贷款投资比为50∶30∶20，形成了以自有资金为基础，农民现金入股为主、银行贷款为辅的投入机制。

（三）发挥基层党组织战斗堡垒作用

初心铸魂、敢破善立的龙桥精神是龙桥基层党组织的思想作风和工作作风，激励着基层党组织战斗堡垒作用的发挥。习近平总书记指出，新时期党的各级领导干部要做到“信念过硬、政治过硬、责任过硬、能力过硬、作风过硬”。一个党员就是一面旗帜，一个支部就是一个战斗堡垒。在推动农村地区经济社会发展中，基层党组织如何发挥引领示范作用，推动基层各项工作稳步开展，促进社区民生福祉的改善和提高？基层党组织和党员领导干部的凝聚力、战斗力和创造力是关键。在集体经济发展的不同历史时期，龙桥村能够走在农村改革发展的先进行列，取得一系列令人瞩目的成就，离不开一个“信念过硬、政治过硬、责任过硬、能力过硬、作风过硬”的基层党组织和一大批先进党员干部模范带头人。

一是信念过硬，坚持不忘初心、牢记使命。对马克思主义的信仰，对社会主义和共产主义的信念，是共产党人的政治灵魂，是共产党人经受住各种考验的精神支柱。只有理想信念坚定的人，才能始终不渝、百折不挠，不论风吹雨打，不怕千难万险，坚定不移为实现既定目标而奋斗。

二是政治过硬，牢固树立“四个意识”，在思想政治上讲政治立场、政治方向、政治原则、政治道路，在行动实践上讲维护党中央权威、执行党的政治路线、严格遵守党的政治纪律和政治规矩。

三是责任过硬，树立正确政绩观，发扬求真务实、真抓实干的作风，以钉钉子精神担当尽责，真正做到对历史和人民负责。富民是要心中装着人民的。改革开放时期，龙桥党组织负责人的三句话掷地有声：“集体资产只租不卖、集体经济总量只增不减、老百姓收入只能多不能少，”这是心中装着人民的责任担当。初心铸魂，让龙桥人有了“敢破善立”的自信和担当；有了敢闯能干争先的胆略和眼光；有了爱国奉献和为民服务的境界和思想。在勇立时代潮头中，创造了“龙桥经验”和“龙桥模式”，享有“吴中第一社区”的美誉。

四是能力和作风过硬，不断掌握新知识、熟悉新领域、开阔新视野，全面提高领导能力和执政水平。始终把人民群众放在心中，广泛开展调查研究，在全心全意为人民服务中提升政治站位、提高工作能力，在真心实意向人民学习中拓展工作视野、丰富工作经验、提高理论联系实际的水平，在倾听人民呼声、虚心接受人民监督中自觉进行自我反省、自我批评、自我教育，在服务人民中不断完善自己，持之以恒克服形式主义、官僚主义，久久为功祛除享乐主义和奢靡之风。

（四）坚持共同富裕的道路

初心铸魂、敢破善立的龙桥精神表达了全体龙桥人在党的领导下坚持发展共同体主义和坚定不移地走共同富裕社会主义道路的决心。坚持走共同富裕的道路，让人民群众共享经济社会发展成果是我国作为社会主义国家的本质要求，也是我们这个古老东方民族几千年来的千年梦想和价值追求。习近平总书记说：“我们追求的发展是造福人民的发展，我们

龙桥大厦

追求的富裕是全体人民共同富裕。虽然实现共同富裕要有一个过程，但我们要努力去做、不断推进。”集体经济规模的不断发展壮大，为龙桥人走共同富裕的发展道路奠定了坚实的物质基础。近年来，龙桥社区通过配强职能机构，创新监管机制，不断规范集体资产运作经营，有效推进龙桥社区集体经济行稳致远，实现持续发展。

实现龙桥人的共同富裕，这是龙桥精神在物质文明建设中始终坚持的政治方向和发展道路。1992 年，龙桥村党支部提出了“集体资产只租不卖，集体资产只增不减，百姓收入只增不减”的三项原则。这一朴素的发展理念背后蕴含的既是龙桥村党员领导干部始终如一坚守的发展信念，是龙桥人民坚持走共同富裕道路的政治自觉与政治品格，也是龙桥集体经济持续发展的强劲动力。

党的十八大以来，长桥集体总资产从 24 亿增长到 56 亿，其中经营性资产从18亿增长到39亿，净资产从20亿增长到38亿，各项指标均比2012年底增长85%以上；集体经济总收入6亿元，比2012年增长73%，村均稳定收入4500万元，比2012年底增长60%，农民户均分红2.1万元，比2012年底增长150%，农民年人均纯收入超5万元，比2012年底增长95%。截至2020年，龙桥社区共有1369户、5529人参与干股分红，金额达635.84万元；共有1358户，3924人参与现金分红，金额达2192.76万元。

在集体资产转制中，龙桥村党组织确立了集体资产“只租不卖”的基本原则，做大集体资产。创办于1982年的华龙饭店是龙桥村的第一个服务性产业，1990年代在集体经济转制盛行时期，这个拥有近15000平方的饭店按照当时的转制做法出售估价为800万元。然而，龙桥村基层领导干部坚持走集体致富的道路，不搞一锤子买卖，坚持集体经济“养鸡生蛋，不能杀鸡取卵”的发展方向。由于坚持“只租不卖”原则，如今这个饭店的固定资产已升值为2.5亿元，每年上交村集体利润170万元，成为社区群众分享集体经济发展壮大成果，不断增强获得感、安全感和幸福感的生动写照。

“只租不卖”、异地收购、增资扩股、“退二进三”四大创新举措，使龙桥社区拥有的集体土地从最初的50亩扩展到500多亩，现在的龙桥拥有商业用房约25万平方米，工厂用房约15万平方米，还有相当规模的公共及公益用房，大大拓展了龙桥社区经济社会发展的战略空间，为龙桥村在新时代实现高质量发展、坚持走社会主义共同富裕道路奠定了坚实的物质基础。

结语：

雄关漫道真如铁，而今迈步从头越。七十年艰苦奋斗、大胆探索，七十年筚路蓝缕、累累硕果。进入新时代，站在实现“两个一百年”战略目标新的历史交会点上，龙桥人民满怀信心地开启了建设社会主义现代化强区的新征程，拉开了一场新的跨越式发展序幕。龙桥社区党委深刻认识到，集体经济的蛋糕做大了、家底厚实了，更要珍惜这些来之不易的发展成果，必须促进制度更加完善，规矩更加健全，构建起行之有效的管理模式，确保龙桥社区集体经济发展始终沿着正确轨道行稳致远。成绩属于过去，辉煌彰显未来，面临更大机遇和挑战并存的龙桥社区，必将高擎发展大旗，牢固确立新发展理念，坚持发展共同体主义，团结一心，众志成城，放眼未来，迎难而上，用昂扬向上的龙桥精神披荆斩棘，再闯出一片更加广阔的新天地。

第五章
龙桥精神推动精神文明提升

○ 杨征征

“只要我们坚定道德追求，不断激发全社会向上向善的正能量，就一定能够为中华民族乘风破浪、阔步前行提供不竭的精神力量！”

——习近平

“初心铸魂、敢破善立”的龙桥精神反映了龙桥人坚定道德追求，不断向上向善的崇高精神气质，是龙桥人民同心同德、砥砺前行的强大精神动力。龙桥精神的不断发展是社会主义精神文明建设的一个缩影，在不同阶段有不同的重点和不同的表现形式，但始终坚持马克思主义的基本立场，坚持以科学的理论做指导，确保了社会主义精神文明建设的正确方向。邓小平同志曾对精神文明建设的内涵做出明确概括，他指出：“所谓精神文明不但是指教育、科学、文化（这是完全必要的），而且是指共产主义的思想、理想、信念、道德、纪律，革命的立场和原则，人与人的同志式关系，等等。”这说明社会主义精神文明建设具有科学文化和思想道德提升两方面内容，思想道德在其中发挥着主导性作用。龙桥精神就是龙桥发展的具象化的精神向导，让龙桥在精神文明创建活动中坚定发展方向和恒心。龙桥精神的发展贯穿于中国社会主义精神文明建设的全过程，从 20 世纪 80 年代“五讲、四美、三热爱”的广泛深入，到新世纪

“八荣八耻”主题宣传教育，再到新时代文明实践系列活动，“初心铸魂、敢破善立”的精神一直引领龙桥人民奋勇前行。中国特色社会主义进入新时代，精神文明创建活动与政治、文化以及社会生活生态的联系更加紧密，龙桥人更是把精神的引导和指引放在极其重要的地位，守正创新、巩固提升，用龙桥精神创新推动龙桥精神文明持续提升。

一、龙桥精神推动精神文明提升的重大意义

从农业学大寨萌发到改革开放以来不断成熟定型的“初心铸魂、敢破善立”的龙桥精神，如同一把熊熊燃烧的火炬，指引着龙桥人民奋力开拓的前进方向。龙桥精神用一个家、一个厂、一个集体不断向好的变迁实践，激起广大龙桥人创造美好生活的希望和信心；龙桥精神用龙桥人自己亲身经历的生活、创造的成就，教育广大龙桥人不断加深对祖国、对社会主义、对党的热爱，让精神的力量从无影无形变成有形有力。

（一）龙桥精神营造了尚善尚美的精神风尚

精神风尚直接体现人民的精神状态和精神层次。龙桥精神营造了尚善尚美的精神风尚，让龙桥人能够把积极向上、乐观健康作为追求，成为内合于国家、社会和公民在精神层面的价值要求，它既是体现了党和人民的精神生活要求，也展现了党和人民的精神生活目标。众所周知，中国的农村幅员辽阔，人口众多，这样的基本情况，必然会让农村在社会主义现代化转型发展中，受到不同思潮和思想的影响，呈现出不同的形态。只有始终坚持社会主义核心价值，才能保证正确的改革方向和改革立场，排除各种干扰，交出亮丽发展成绩。社会主义核心价值观从国家、社会、公民三个层面对“建设什么样的国家、建设什么样的社会、培育什么样的公

民的重大问题”进行了宏观指导：“富强、民主、文明、和谐是国家层面的价值要求，自由、平等、公正、法治是社会层面的价值要求，爱国、敬业、诚信、友善是公民层面的价值要求。”龙桥精神尚善尚美就是坚持社会主义核心价值观，在党的领导下通过系列具有地方特色制度安排和实践，勾绘出了具有龙桥特色的美善图景。龙桥精神以尚善尚美的精神风尚营造，让龙桥在变迁中能够始终把握社会发展基本规律，围绕社会主义核心价值观，建立起精神富足高于物质享受的发展方式，在龙桥社区所辖的空间中构建出集体的价值取向，在承续农民的朴素品格中改造陈旧观念，学习跟进先进思想，站在了时代的潮头。

（二）龙桥精神模塑了激浊扬清的精神气质

在改革开放四十多年的时间中，龙桥从一个纯粹的农村转变为一个非农社区，这种变化有其地域的特殊性、历史的连续性和现实的多变性。小富即安的小农意识束缚、市场文化的冲击、非社会主义思潮的影响、生活工作形态的变化，都容易让传统乡村传统文化出现分裂、分化或割裂。龙桥精神模塑的激浊扬清的精神气质，让龙桥人能够及时厘清哪些是需要抵制的，哪些是需要弘扬的，避免了龙桥文明健康的公共空间、公共精神、公共文化弱化和衰退。激浊扬清是解决的龙桥大小事务矛盾的主基调，体现在龙桥破旧俗立新风的全过程。在实践过程中，龙桥直面发展过程中的各类冲突，大力推进全过程人民民主，坚持大家的事大家说、大家评，以社会主义共同富裕目标为导向，激发个体意识中的批判性和发展性，并最终达成共同价值目标共识。激浊扬清就是是指龙桥人在处理龙桥大小事务中的交流处理手段和方式。龙桥发展变化中的问题体现着整个经济社会中的矛盾，化解矛盾就是一个激浊扬清的过程。龙桥精神在继承中创新，在创新中发展，用最朴素的孰是孰非理念，用最直白的评判来衡量和评判现实的龙桥生产生活活动。

（三）龙桥精神培植了多姿多彩的精神家园

龙桥精神赋能龙桥发展。在不断增强的蕴含正能量的精神文化话语的引导下产生强烈的精神共鸣和精神存在感，构筑更丰富的精神文化家园，是保障龙桥物质和精神的双丰收的关键因素。中国农村的变迁特别是改革开放之后的变化，在一定程度上是国家逐渐放权乡村，农民、农村中一部分能人，特别是农村最基层的干部党员带头发展，并在乡村传统文化与政党文化建设综合作用下探索拓展的农民生存生活新空间和生产生活新方式的过程。苏南模式下的离土不离乡的乡镇乡村现代化路径，在更好构筑集体精神增强人民精神家园力量上，具有其他地区不可比拟的优势，它避免了离土离乡模式下对乡村文化的巨大割裂，成就了改革开放以来苏州经济社会发展的奇迹。龙桥精神的基因密码在于人本身在自然环境变化中生产生活方式的自然过渡和融合，一方面是过去生活痕迹的留存，另一方面是现代需求的满足。这就要求小小社区的发展要保留水乡韵味，开门有美景，同时创新和丰富人们精神生活形式、内容和载体。龙

长桥街道新时代文明实践所

桥探索出了一条适合自身客观实际的龙桥发展、建设和改革创新的道路，全面提升了龙桥集体财富增长、农民增收、精神富足走在全市、乃至全省全国前列的毅力和信心，而龙桥精神也在实践中凝聚丰富了龙桥人多姿多彩的精神家园，形成了满足老中青少多元需求、覆盖工作生活休闲娱乐多样精神生活内容。

二、龙桥精神推动精神文明提升的经验做法

龙桥精神推动精神文明提升的核心就是以人的文化素质提升为核心，一切从实际出发，将精神文明提升落实在计划经济时期的团结奉献中，落实在“思想大解放”的改革开放过程中，落实在科学系统的破立辩证统一中，坚持发展依靠人民、发展为了人民、发展的成果为人民共享，从实际出发、理论联系实际，建设并发展龙桥。充分重视物质和精神的转换以及赋能、广泛开展精神文明创建活动、不断完善村规民约制度体系、强化润物无声的善美文化渗透是龙桥精神推动精神文明提升的经验做法。

（一）充分重视物质与精神的转换和赋能，弘扬社会主义核心价值观

社会主义精神文明建设的核心目的在于人的全面发展，其主要路径在于凝心聚力的核心价值观的建设。龙桥是一个物理空间，龙桥精神是在龙桥人在龙桥所在的物理空间活动中创造的精神空间，两者之间是一个互相促进的关系。生产发展是文明建设的基础，物质文明和精神文明建设相辅相成，龙桥把握住了物质精神转换的辩证关系，在社会主义核心价值观的弘扬中让龙桥人精神和物质协调提升。

农业时期的龙桥以要为集体、为国家创造更多粮食这种农民的质朴愿望，在社会主义农业大学大寨大比拼的宏大背景中，探索适合水乡特点的

科学农业栽培技术，在农业生产上成功培育了两季稻、三季稻，成了“农业学大寨”的江南标杆，创出了“亩产超三纲”的粮食生产奇迹。当时还只是一个生产大队的龙桥党员干部带头破私立公、团结战斗、严于责己、宽以待人，碰到困难抢挑重担，有了成绩归功集体，发现问题承担责任，一个人带动一班人、一班人带动一队人，让龙桥人在热火朝天的劳动中将家国精神薪火相传，同时把学习研究中总结出的增产增收方法在全国的推广应用，更是进一步加强了龙桥人集体的自豪感和荣誉感。

随着社会主义现代化的进程发展，过去的龙桥大队成为龙桥村，而后又成为吴中城区中最早的一批涉农拆迁社区，龙桥人从农民转换成了市民，这个身份的转变需要的也许就是一个户籍登记的变化，但是生活方式和精神适应的转变需要一个过程，需要一个时期精神建构过程。龙桥选择了坚定集体主义发展的路径，致力于不断发展壮大集体经济，早在1996年，龙桥就以村为单位成立了省级企业集团，通过“政企分离”建立起了现代企业管理制度，在吸纳大量本村就业人口的同时，也积极改造着龙桥人思维方式和生活方式。当时村集体产业“龙桥饭店”的发展就是一个典型案例。作为村级招待所，龙桥饭店不仅要接纳一批失地农家子弟，还要保证完成村级集体（现为社区集体）的上交经济指标。与苏州许多大型饭店比，龙桥饭店的硬件设施、文化底蕴、品牌价值等都不具有优势，龙桥人硬是发挥实干精神和创新意识，率先与中国农村职教协会、中国特种设备行业协会等机构合作，将华龙饭店打造成了全国性技术人才培训、饭店员工培养的人才发展基地，独辟蹊径地走出了一条以会务和培训为主要业务特色的差异化发展道路：一方面借助苏州的人文环境吸引五湖四海的人来此举行会议和举办培训，另一方面也在内外培训学习中不断拓展和提高龙桥人自身的视野和胸怀，培养了一大批龙桥骨干力量。理论决定道路，思路决定出路，龙桥饭店的转型也为新世纪龙桥社区成立“社区股份合作社”、组建第一个“物业股份合作社”奠定了基础，为新世纪龙桥的现代服务业和商业发展模式转向奠定了基础。

（二）广泛开展精神文明创建活动，创新精神文明建设形式

在苏州城乡一体化融合发展以及城乡文明同步发展建设中，龙桥每一次都走在了前列。以强有力的集体经济实力打底，以龙桥精神塑心，龙桥的发展从单打独斗到抱团发展，从一个村到联合帮扶周边弱几村，成为拥有超过一万居民的大社区。这 1 万多居民，包含的本地居民、外来住户、流动人口、甚至外国居民，但都因广泛而深入的精神文明创建活动而紧密团结在一起。新时代文明实践活动开展以来，龙桥站积极探索联系群众、组织群众、动员群众的新思路新方法，获评吴中区首批优秀所（站）。高标准建设的龙桥社区党群服务中心，将社区政务工作和居民活动有机融合在一起，发挥了社区基层党组织战斗堡垒作用。全科社工服务、养老服务站、图书馆、残疾人康复室、书记工作室、居民调解室、书画室、舞蹈房、妇女儿童之家等让社区服务、教育、活动和整个社区家庭发展紧密联结。“龙桥精神”教育馆把龙桥在中华人民共和国成立以来到改革开放各阶段的变化集中展现，用今昔龙桥鲜明对比，串联起龙桥的过去和现在，昭示着龙桥人民更美好的未来。

龙桥社区的精神文明创建从来不缺参与率，除了高标准完成上级安排的各项文明创建工作之外，龙桥还有自己特色的系列化精神文明活动，具体到社区居民小到一针一线、大到家庭规划的方方面面。“社区书记大讲堂”，每年超过百余次宣讲和学习龙桥书记党员干部带头，学习内容、时间、绩效、人员全落实。“我身边的小康”“点赞中国之治”“运河红色健身步道”“红英工作室”宣传、聚焦惠民，聚力创建；“吴中志愿”“四

志愿服务在身边

季行志愿服务队”“党员志愿服务队”“交通志愿服务队”“金乡邻志愿服务队”“家长义工队”“晨曦关爱志愿团队”激活自治互助合作新风尚。除此之外，龙桥人还在结对帮扶西藏林周县、贵州德江县、民工子弟学校，对口帮扶上做出巨大贡献，对外输出了龙桥精神、龙桥经验。

（三）不断完善村规民约以及社区制度，提供精神文明建设的制度保障

龙桥在经济社会变化互动中一方面吸收着外来思想和社会潮流的有益活力，另一方又以着自身内在的思想定力不断调整着向前的方向，通过制度约束达到从个体到整体的有机平衡，保证其不偏离共同富裕的轨道。通过自己的实践探索，龙桥完善了集体经济集体化、集团化的制度规范，让市场经济条件下的个体生活和社会自主组织、政治组织在制度的设计中获得自己的边界以及自主空间，让社会主义精神文明牢牢站稳主体和主导地位。从大队书记、党员干部带头奉献，到支部书记党建“第一责任人”职责发挥和党风廉政责任严格落实，龙桥班子成员“一岗双责”压紧压实。

制度制定与制度落实同步安排、同步推进，全体党员自觉遵守日常纪律、党员规范及长桥街道机关作风建设和工作制度。安全生产培训及领导带队督查每季度开展，各领域安全生产检查常态开展。中层力量选优配强，干部梯队化建设进一步完善。

在农村股份合作制改造和“村改居”的实践过程中，龙桥坚持保留集体股份的形式，通过政经分离制度让村集体经济走上现代化经营管理之路，集体资产不断增值。创新推出针对新老社区居民的“增股扩股”制度，一方面也让龙桥人能更好更多享受集体红利，更另一方面则是极大巩固加强了龙桥人对党的领导的信任，增强了龙桥凝聚力。联席工作会议制度、村社事务公示制度、专项活动考评考核等制度，对照精神文明创建的标准要求，逐一分解责任，逐条组织落实，使创建工作层层有人抓、项项有指标、件件有落实。通过探索社会化组织管理、项目化经费投入、团队化自治发展的运行机制，促进了志愿团队发展，构建了预判、学习、教育、娱乐、保健、卫生“六位一体”的社区文明综合服务模式。从以党建引领村建到党建引领社区建设，形成了全员共建共治共享制度体系，为龙桥精神文明建设提供了强有力的制度保障。

（四）坚持润物无声的文化渗透，增强精神文明建设实效

龙桥精神的形成本身离不开龙桥这片土地上的文化传统。龙桥其名所来之“五龙治水”的传说，是龙桥人代代相传、人人皆知的故事，也是传统精神的独特历史印记。社会主义党的建设要求和龙桥传统的内在契合，农村基层党组织建设中党员干部的模范表率作用，让龙桥能够始终坚持马克思主义的基本立场，在社会主义精神文明创建活动中能够将精神文明建设理论转化为龙桥的亲身实践，让国家意志在龙桥开出鲜艳的花朵、结出丰硕的果实。优秀传统文化和现代社区文化结合在一起，成为推动龙桥更均衡、稳妥地发展的软实力。坚持党的领导，通过充分发挥地方文化的资源优势，在一点一滴的民生、民心工作的实践中龙桥传承着龙桥传统文化特质，不断形成发展的龙桥文化，提升龙桥人的精神文化品位。

作为实事工程之一的龙桥社区服务中心也是龙桥文化活动中心，是社区全免费的文化书场、群众图书馆、评弹剧场、“棋友之家”。在“天天有活动，周周有讲座，月月有主题，季季有高潮，年年有亮点”的总体安排下，一大批文化团队和群众文艺骨干脱颖而出，荣获区、市、省乃至全国多个奖项，社区文化活跃繁荣。“吴中好人”“和谐之星”“学习型家庭”等评选活动，让平凡岗位上建功立业的感人事迹成为人人点赞和可期目标。龙桥成教中心组织的各类职工“技能比武”“兴趣小组”“黄昏课堂”让受众真正受到教育。“文明在举手投足间”和“小手牵大手”形成学校、社区、家庭三位一体的工作合力，积极发挥社区“五老”作用，开展了结对共建、结对帮困活动，让文明新风开拓出更广大的美好生活。新冠肺炎疫情防控背景下，中青年骨干带头，党员、干部志愿服务队协同社区工

图书馆

作人员，对社区环境卫生进行全方位排查，对社区公共区域和设施常规精细化擦洗消毒……龙桥精神文化凝聚下的久久为功行动，让龙桥文明文化在新时代不断彰显新内涵，焕发新生机。

三、龙桥精神推动精神文明提升的价值启示

龙桥发展的历史，是在发展共同体主义指导下物质文明和精神文明同步提升的历史，人们都会越来越深切地感受到龙桥精神的神奇魅力。龙桥一切成绩的取得，都是在党的创新理论的指引下、在上级领导的关怀下、在龙桥人一代接着一代的接续奋斗中取得的。龙桥人始终坚持以经济建设为中心、坚持社会主义发展方向不偏离，坚持富民不仅富口袋，更要富思想、富精神的宗旨，开辟出了独具特色的龙桥之路，创造出了可贵的龙桥精神。龙桥精神推动精神文明提升的创新实践，有以下几方面的价值启示：

（一）大力发展集体经济，夯实精神文明提升的物质基础

龙桥人民在实践中深切地认识到，农村集体资产的留存、发展和壮大对社会文明、和谐、进步有重要的推动作用。龙桥集体主义经济样态源起于中国农村农民精神，并在马克思主义思想的指导下，展现出了社会主义的能动性和创造性。作为一个涉农社区，龙桥的发展牢牢抓住了集体经济这个主线，并根据集体经济在不同时空和文化发展背景下的表现，和精神文明建设有机互动链接。城镇化进程，意味着部分农村集体土地资源的全新整合和利用，对龙桥这个处于城镇化进程最快的区域而言，集体土地资源的全新整合和利用中，不仅需要转变本地农民生产生活方式，还需要承接全国其他地区的流动人口移入，如果没有强有力的集体主义意

识加持，必然会产生巨大社区社会隐患。龙桥把握住了最基础的变化，加快了集体经济的发展，拓展集体经济的生存发展空间，不断夯实精神文明提升的物质基础。尤其是十八大以来，率先成立股份合作联社抱团发展，突破了城市化给农村集体经济发展带来的资源制约瓶颈，开创了新的历史条件下集体经济可持续发展的新模式。

合作联社最大的优势，在于集中力量办大事，符合现代城市经济发展规律，在极大保障本地农民权益的同时又很好服务地方发展。一般而言，农村转移劳动力因传统生活方式和受教育程度等因素的影响很难直接匹配城市各类工作岗位的需求，而龙桥正是以接纳度较高的服务行业作为突破口，考虑到本地居民劳动力实际情况，坚持外培和内培同步，在创造更多就业岗位的同时也创造了知识技能扩充、思想视野提升的机会。在其他地区加速工业化的时候，龙桥创新服务业突围；在其他地区转型服务业态时，龙桥抱团其他涉农社区走出去发展飞地。十八大以来，合作联社联合收购投资吴中万达、南师大科技园等吸纳了各类科技型企业数，不断推动区域产业的转型升级，不断满足着区域人民日益增长的对美好生活的多元需求。

（二）不断筑牢初心信仰，坚定精神文明提升的目标方向

“初心铸魂、敢破善立”的龙桥精神鲜明地彰显龙桥人的理想和信念，指明了精神文明提升的目标方向。习近平同志曾经阐述过精神文明建设的目标，指出：“要认清物质文明建设和精神文明建设的最终目的是什么，GDP、财政收入、居民收入等等是一些重要指标，但都不是最终目的，其最终目的就是要促进人的全面发展，包括改善人们的物质生活、丰富人们的精神生活、提高人们的生活质量、提高人们的思想道德素质和科学文化素质等等。”龙桥的变迁就是在党坚强领导下‘走中国特色社会主义道路’

实现物质文明和精神文明双丰收的一个最美窗口。

龙桥发展的初心就是如何让龙桥人、让在龙桥生活的人能够生活得更幸福，促进人的自由而全面发展。从让人吃饱穿暖、到让人口袋鼓起来、再到让更多的人心灵丰盈起来，龙桥在坚定精神文明提升的目标方向中，用集体经济坚守的方式成为承接政府职能转变的基层实践典范，很好应对了计划到市场的变革，弥补了农村精神文明建设中政府投入和引导主体的不足问题。在运河怀抱中的龙桥如今着重打造了运河健身步道、党建文化带两项实事工程，依托运河体系让健身休闲和文化提升有机融合，为满足周边群众日益增长的健康休闲需求提供了难得的场地资源，让更多、更优的公共健身休闲场地切实增加居民获得感，让水、城、人、文与时俱进。

（三）依靠居民群众，激发精神文明提升的主体力量

龙桥人民群众的主动性、积极性和创造性，龙桥人奋发进取、吃苦耐劳的精神，是确保龙桥始终走在苏州农村以及涉农社区建设前列的力量之源。艰苦奋斗是龙桥精神的鲜明特征，不屈于命运、自力更生、开拓进取，在党的领导下创造美好的生活，促进每个人都能得到自由而全面发展，这种坚信和坚守引导着广大龙桥人民能够保持永不懈怠的精神状态和一往无前的奋斗姿态，在发展中创造机会、找到机遇。

龙桥发展的话语权和决定权在于群众，他们不仅是龙桥社区的建设者，也是龙桥精神文明建设的宣传主体。龙桥人边干边观察，集合群众智慧，做出最有利于龙桥发展的选择。在村办工业时期，龙桥一方面开工厂，另一方面也根据区位中心特点办饭店和综合商店。哪一方面发展得好，怎么发展会更好，是靠广大群众在不断尝试创造中用综合结果来选择的。经济数据会说话，群众的眼睛很雪亮，从农民到工人，从服务员到管理员，从社员到股民，龙桥人在不同的行业中共同成长，他们见证了龙桥脱贫致富到成为年超八千万的大集团公司的变化,见证了社会主义国家翻天覆地、日新月异的发展。书记在一线、身边党员干部的先进示范、村民社员的义行善举是龙桥最常见、最生动、最有效的社会主义核心价值观的宣传宣讲形式。

（四）加强文化建设，彰显精神文明提升的时代魅力

龙桥精神是一种实践哲学、实践逻辑和实践精神。文化建设是精神文明创建的核心内容，文化建设成绩最终体现在其是否能够彰显精神的时代性，这个过程本身就意味着一次次改变、一次次革新、一次次突破。龙桥精神文明的发展历程可以说是社会主义农村转型发展的一个典型，它最终实现了城乡一体融合发展，特别是精神文明城乡一体化的目标，表现为党建文化引领，不断加强社区文化、绿色文化、公共文化、家庭文化、慈善文化，形成文化建设合力。

党员工作室、党员网格管理员让“党员细胞”融入龙桥社区建设各领域，基层党组织引领龙桥发展建设“唱主角”，筑成了牢固的“红色堡垒”。龙桥社区党群服务中心统筹整合阵地资源，吸纳工、青、妇等群团组织共同参与，突出区域联动、辐射带动、群团互动，打造成为党员之家、群团之家、群众之家、人才之家，确保社区党组织有资源有能力为群众服务，切实把党群服务中心建成联系服务群众、密切党群关系的“温馨港湾”。“创十星评十户”“道德积分”“文化银行”“文明评比”系列活动推进乡风文明建设;“法律援助团”“草根调解室”让法治意识走门入户;“乡贤回归”“吴中好人”既弘扬乡贤文化，又营造榜样氛围……自治、法治、德治拧成一股绳，激发各方面力量共同参与龙桥发展、龙桥治理，点滴行动汇聚的巨大文明力量，实现了从农歌到现代化新曲的蝶变，构筑起了新时代龙桥的精神高地。

文明实践活动

结语：营造凝心聚力的精神文明新风

龙桥精神推动精神文明提升的过程，就是龙桥人在党的领导下，人民精神生活不断发展的实践过程，其实质就是龙桥顺应时代要求，在破立统一的辩证法中展开的创造性精神生活实践活动过程。文明实践永无止境，文明创建需久久为功。龙桥人聚焦学习宣传贯彻落实习近平新时代中国特色社会主义思想这条主线，坚持“五位一体”整体性建设，推动“五位一体”整体性文明，把群众性精神文明创建活动作为培育和践行社会主义核心价值观的鲜活载体，作为群众素质和社区文明程度的有效途径，把龙桥精神进一步总结提升，一定会汇集更强大的精神合力，以更凝心聚力的精神文明新风带领龙桥人民在全面建设社会主义现代化国家新征程中取得更大的成绩，把龙桥建设成为崇德向善、文化厚重的现代化文明社区。

第六章
龙桥精神推动政治文明进步

○ 胡小君

要紧扣民心这个最大的政治，把赢得民心民意、汇集民智民力作为重要着力点。

——习近平

“初心铸魂，敢破善立”的龙桥精神具有强烈的政治诉求，是龙桥人民政治实践的智慧结晶。政治文明建设是中国特色社会主义五位一体建设的重要组成部分，其根本要求在于坚持党的领导、人民当家做主、依法治国的有机统一。社会主义政治文明的建设实践不仅体现于国家层面的社会主义民主政治各项制度，也深深地扎根于基层党支部直接带领人民群众进行民主决策、自我管理的乡土治理实践之中。龙桥精神是龙桥大队（行政村、社区）党支部带领龙桥人民在峥嵘岁月里敢为人先、奋勇拼搏，所铸就的“初心铸魂，敢破善立”奋斗精神。龙桥精神从社会主义建设时期开始孕育形成，历经乡镇企业大发展、政企分离创建龙桥集团、向城市社区转型，一直指引着龙桥党组织带领人民奋勇前行。龙桥精神在推动龙桥村（社区）物质文明、精神文明发展的同时，也包含了深刻的政治文明内涵。新中国成立以来，龙桥人前进的每一大步，都鲜明地体现了对党中央路线、方针、政策的坚定贯彻和创造性地执行；龙桥人取得的每一个重大成就，都体现了党组织植根群众、带领群众、服务群众的政治理念。

一、龙桥精神推动政治文明进步的重大意义

发端于乡土中国和苏南吴中大地的龙桥精神，在推动基层政治文明进步方面，首先是孕育了带有浓郁乡土气息的政治经济学，将经济问题和政治问题、民生问题紧密联姻，以发展经济来破解政治问题和民生问题。让群众过上好日子，赢得群众衷心支持，焕发出干事创业的主体性、能动性，推动发展共同体成长进步，这是政治文明进步的主题和主线。龙桥精神以党的初心铸魂，在推动发展中敢破善立，离不开党组织书记和党员干部的示范带动作用，更离不开人民群众的积极参与，如何把两者结合起来，形成乡土特色、党群一心的民主集中制，是政治文明进步的重要环节。龙桥精神所包含的初心就是我们党为人民谋幸福、为民族谋复兴、为人类谋大同的初心和使命，归根到底就是党带领人民群众从站起来、富起来到强起来，翻身当家做主人、不断过上好日子，就是要在乡土中国探索出一条切合实际的人民当家做主之路。

（一）龙桥精神孕育了乡土气息的政治经济学

"初心铸魂，敢破善立"的龙桥精神，最初就是农民们创造的散发着浓郁乡土气息的政治经济学。中国共产党的政治经济学是为人民服务的经济学，包含了以人民为中心的根本立场，其目的就是增进人民福祉，推动共同富裕。从基层的角度来讲，乡土气息的政治经济学就是解决民生问题，让老百姓从解决温饱问题，实现小康到过上美好生活。而解决基层民生问题，必须抓住两个关键问题，一是要坚持发展是第一要务，关键

就是把经济搞上去，集中民智民力，尤其是要充分发掘农民智慧，激发他们的积极性、主动性、创造性，因地制宜，把蛋糕做大；二是要坚持以人民为中心的发展思想，坚持普惠、共享理念，坚持集体所有制的经济基础，统筹效率与公平的关系，把蛋糕分好，让老百姓对公平公正的收入分配感到满意，在集体共同体中过上更好的生活。从龙桥的发展历程来看，坚持集体所有制，坚持抱团发展的共同体主义，坚持公平正义，坚持普惠、敢于变革等都充分体现了乡土气息的政治经济学。

龙桥的乡土政治经济学是马克思主义基本原理与中国农民智慧的有机结合，在发展历程中有效地解决了温饱问题、空间发展不足问题、市场化挑战的问题等。龙桥精神体现了一切从实际出发、实事求是的思想路线。无论是在社会主义建设时期龙桥人基于江南水乡的自然环境特点，不断提高粮食单产，还是在改革开放新时期龙桥人抓住机遇，果断发展乡镇企业，由农转工，由内向外，由分散到集聚，逐步富裕，以及本世纪以来龙桥人组建龙桥集团、抱团发展、做大做强，都是坚持了实事求是与解放思想的结合，把本地的比较优势与改革创新精神统一起来，在每个阶段都能够走出发展的新路。另一方面，龙桥精神鲜明地体现了一切为了群众、一切依靠群众的群众路线和工作作风。龙桥精神是干群一心苦干、实干形成的，龙桥党组织始终坚持依靠人民群众，始终坚持以人民群众福祉作为发展目标，注重群众的整体利益、长远利益，体现了共产党人的初心和使命，也是获得人民群众支持拥护的动力源泉。

（二）龙桥精神滋养了乡土特色的民主集中制

“初心铸魂，敢破善立”的龙桥精神内蕴着民主集中制原则。民主集中制是党的组织原则和根本领导制度，强调在民主基础上实行集中，在集中指导下开展民主。习近平总书记指出，民主集中制“既可以最大限度激发全党创造活力，又可以统一全党思想和行动，有效防止和克服议而不决、决而不行的分散主义，是科学合理而又有效率的制度”。

那么，民主集中制在龙桥是如何实践的呢？龙桥乡土特色的民主集中制，就是党群一体，党组织书记在群众中拥有崇高威望，能带得动群众，与群众打成一片，又尊重群众，尊重大家的创造。党员支持书记，村民信赖党组织。唯有如此，龙桥历任党组织才能够在群众的坚定支持下“敢破”，破除一切发展的阻碍。在集中各方智慧下，党组织“敢立”，不断适应时代潮流，走在前列。尤其是龙桥社区成立后，由于辖区和人口规模的急剧扩大，以及农转工、二产转三产的战略转型，经济管理、社会服务工作内容繁重，集体资产保值增值任务重大，龙桥党组织与时俱进地发展了民主集中制，尤其是建立和完善了社区重大事项民主议事制度。对于社区重大决策集体讨论、共同决定。通过民主议事，研究决定涉及发展稳定和群众切身利益的重大问题和事项。对于社区居民关心的热点和重要问题，如社区年度预算、决算，社区重大项目安排、集体大额资金的使用，包括年度为民办实事工程及基础设施建设项目、投资、资产、资源的处置、大宗办公设备采购和固定资产购置等，都必须经过集体研究，实行民主决策。例如，2020 年龙桥社区党委遵循“四议两公开”议事规则，讨论“和谐微实事”惠民项目，经过村两委动议，发动楼道长、居民代表向辖区全体居民收集项目建议，然后经居民代表会议选出备选项目，最终投票决定实施项目的安排，实现了公开、公平、公正。

（三）龙桥精神探索了乡土中国的人民当家做主之路

“初心铸魂，敢破善立”的龙桥精神显示了浓厚的人文精神，这种人文精神有多方面的内容，但是最为根本的就是人民当家做主精神。人民当家做主是社会主义民主政治的发展目标。新中国成立后，通过土地改革消灭了地主土地所有制，根除了几千年的封建根基，为人民当家做主创造了前提条件。通过集体所有制的确立，土地等生产资料归集体所有，形成了公有制基础上的乡村生产共同体、生活共同体。龙桥社区的人民当家做主就是建立在强大的集体经济基础之上。在城市化进程中，作为近郊村的龙桥村被征收了全部土地，没有了土地，集体安在？龙桥党组织一班人初心不改，顶住种种压力，果断选择了坚守集体经济发展模式，坚决不让集体资产的一砖一瓦转让流失，在没有土地的情况下继续做大做强集体经济，组建富民合作社，由村民入股，按股分红。2005 年龙桥社区组建成立物业股份合作社，以 1 万元为一股，在原有股民中进行增资扩股共 2038 股，共有 746 户、1288 名股民参与入股。龙桥社区党组织坚定维护股民利益，保障群众当家做主，用好“项目扩股”办法，不断增加股民分红收入。2011 年针对原“征土工”居民实行扩股，每人增资 2 万元，共有 1330 户、2150 名符合条件的居民入股，参股率达 95% 以上，筹集股本 4100 万元。截至 2020 年，龙桥社区入股金额总计 18273 万元，发放股红 2192.76 万元。靠着强大的集体经济，龙桥社区依靠村民入股的

党员学习

方式，在新环境下把人民当家做主的民主权利和实际利益落到实处，不断增强群众的幸福感、获得感。

二、龙桥精神推动政治文明进步的经验做法

龙桥精神是几代龙桥人集体智慧和汗水的结晶，也是几任党组织书记科学决策、率先示范、接力推动的产物，是党员模范带领人民群众共同奋斗的宝贵财富。从政治文明进步的视角去解读龙桥精神的经验做法，首先就是坚定不移地听党话、跟党走，在贯彻党的政治路线中争当表率。龙桥精神也是龙桥党组织带领人民坚持发展共同体主义、坚持责任担当，在奋发有为的进取中锤炼的，“三只三不”的豪言壮语就是龙桥精神用来铸就为民谋福祉这一灵魂的初心写照。龙桥精神之所以能够跨越时代，在不同发展阶段都能激励人心，就在于其“敢破善立”，勇于破除阻碍龙桥发展的一切阻碍因素，同时在人民群众的坚定支持下不断创造新的体制机制、探索行之有效的发展道路，始终保持改革创新、走在前列的精神风貌。

（一）“听党话、跟党走”，始终争当表率、紧跟党的政治路线

龙桥精神中的“初心铸魂”，突出党组织和党员对党忠诚，人民群众听党话，跟党走。对党忠诚是共产党人最基本的党性，也是首要的政治品质。做到对党忠诚，就是以党的号召为旗帜，坚定不移地贯彻执行党的政治路线。龙桥人发扬听党话、跟党走的政治品格，把发展经济、推动改革作为中心任务，横向联合发展乡村工业，建设乡镇企业，快速完成了集体经济资本积累，迅速过上小康生活。改革开放以来，无论是龙桥党组织，还是村集体、企业集团，都始终争当表率，成为贯彻党的基本

路线的排头兵。在建设“强富美高”新龙桥的征程中，龙桥社区克服新冠肺炎疫情的干扰，在2020年全面实现了第一个百年奋斗目标，正大踏步地奋斗在全面建设社会主义现代化的新征程上。龙桥人坚定不移地听党话、跟党走，建立在基层党组织不断夯实的基础之上。龙桥社区成立后，先后获得苏州市实践“三个代表”实现“两个率先”先锋社区、吴中区最佳基层党建工作示范点、吴中区“创先争优”先进基层党组织、吴中区“先进基层党组织”等荣誉称号。近年来，龙桥社区党委深入学习贯彻习近平新时代中国特色社会主义思想，不断夯实基层党组织建设，打造了“满桥红”党建品牌，不断夯实以“龙桥精神教育馆”为中心的阵地建设，向广大党员解读龙桥精神。在龙桥精神指引下，全面实施农村党建富民先锋行动和社区党建和谐先锋行动，不断强化政治引领，提升基层党组织和党员服务群众的能力，着重建强以党组织为核心的社区治理体系，为社区各项事业蓬勃发展提供了坚强的组织保障。

（二）“三只三不”，始终践行壮大集体、共同富裕的为民信念

“初心铸魂，敢破善立”的龙桥精神锻铸着坚持在党的领导下大力发展共同体主义的集体意识，又以这种集体意识推动集体经济的发展。集体经济是乡土中国基层百姓当家做主的经济基础，也是农村基层党组织凝聚力和服务群众的物质基础。没有了集体经济，老百姓之间失去了最根本的共同利益关联，就会一盘散沙、人心涣散。更重要的是，没有了集体经济，在市场经济优胜劣汰的大潮下，不适应、受挫的个体就如浮萍，失去了避风港，漂泊孤零，更不用说实现共同富裕。改革开放，由农转工，龙桥人和苏南这片热土上成千上万的乡土百姓一样，发扬“四千四万”精神，创办乡镇企业，完成了集体经济量的扩张和质的跃升。然而，集体经济的运行也有在内的矛盾，处理不好就会面临发展瓶颈、遭遇困境，甚至削弱瓦解。这个矛盾实际上就是集体经济的公有制性质和管理层利益的矛盾。20 世纪 90 年代末，苏南乡镇企业遭遇经济困难，纷纷推动改制，也就是把集体经济转化或部分转化为民营企业，寄希望于“产权清晰”来激发管理者的积极性，使企业生存发展。在改制中，集体利益要不要维护、维护到什么程度，成为考验集体经济经营者党性的标尺。在这个关键时刻，龙桥党组织喊出了掷地有声的三句话：“集体资产只租不卖、集体经济规模只增不减、老百姓收入只多不少。”以大公无私的崇高境界、为民谋幸福的初心使命，对人民群众做出了庄严承诺，保护了龙桥集体经济的命脉，也由此在市场经济新形势下赓续了龙桥精神的血脉。

（三）“敢破善立”，始终保持改革创新、走在前列的精神状态

“初心铸魂，敢破善立”的龙桥精神充满了辩证法。“破与立”是改革创新进程中必须正确处理的一对辩证关系。“破”就是破除阻碍发展的陈旧观念、不合理体制、落后力量；“立”是要探索建立新的工作方法、体制机制，敢为人先、敢闯敢试。不破不立，破字当头，立在其中。农业领先发展时代形成的“敢破善立”、走在前列的龙桥精神植入了龙桥人的文化基因，成为龙桥人在改革开放后继续推动改革创新、不断跃升一个又一个台阶的精神密码。20 世纪 90 年代龙桥人率先组建省级企业集团、建立现代企业制度。面对农民失地、区域内可开发空间压缩，市场竞争日趋激烈等实际困难，龙桥社区党委率先想到了“走出去”发展。2009 年，成功收购了位于吴中大道的可琪鞋业有限公司地块，成为吴中城区第一个“走出去”发展的社区。这些都体现了龙桥人敢破善立、敢为人先的实干、创业精神在新形势、新时代的不断弘扬传承。在“破”和立之间，龙桥人也有自己的坚持，就是共产党人的为人民谋幸福的初心和使命，始终坚持集体至上的价值取向，始终坚持以人民为中心的政治理念，使得“破”能得到人民群众的真心理解和主动支持，“立”能动员人民群众积极参与和全力投入，推动龙桥人始终走在改革创新和时代发展的前列。

（四）始终弘扬党建引领、干群一心的奋斗气概

“初心铸魂，敢破善立”的龙桥精神是对龙桥党组织和人民群众都具有普适性功能的精神。党组织是基层社会的领导核心，发挥党建引领作用。一个村、一个社区发展得如何，党组织的组织力、凝聚力、战斗力是关键，而党员干部的带头作用和示范作用是关键之关键。苏州农村党建多年来的显著经验就是注重农村党组织的引领带动，形成“群雁高飞头雁领”的良好态势，对推动苏州农业农村现代化发展、带领农民致富发挥了关键作用。早在龙桥精神孕育的农业领先发展阶段，龙桥党员干部就带头苦干、挖淤泥、挑肥料，时时处处发挥先锋和模范作用，团结战斗、严于责己、宽以待人，碰到困难抢挑重担，有了成绩归功集体，发现问题承担责任，由此形成了龙桥党组织的好班子、好队伍。改革开放以来，龙桥村（社区）

红色电影观影

不断加强党组织班子建设，充分发挥基层党组织战斗堡垒作用。近年来，围绕弘扬龙桥精神，打造“满桥红”党建品牌，传承奋斗基因，激励党员群众干劲。为适应城市化发展的需要，龙桥社区打造了党群服务中心，统筹整合党员之家、职工之家、青少年之家、妇女儿童之家等功能，统一服务，强化阵地建设。以“党群+”品牌建设为中心，推动了辖区内非公企业、社会组织和群团组织党员教育、党建服务一体化。在党建有力引领下，龙桥社区获得了吴中“海棠花红”先锋阵地、苏州市先进基层党组织等一系列发展荣誉，社区党组织书记荣获“全省‘千名领先’村书记”、苏州市乡村振兴带头人、吴中区“担当作为”社区党组织书记等称号。

三、龙桥精神推动政治文明进步的价值启示

龙桥精神推动了乡土中国政治文明的实质性进步，持续地实现和维护了人民群众的根本利益，其意义和价值远远溢出了龙桥本身，对广大乡土中国的政治发展，有重要的借鉴价值，龙桥精神已经跨越了时空，还将继续跨越时空，在引领乡土中国迈向全面建设社会主义现代化的新征程中发挥着指引方向、激励人心的作用。

（一）坚守初心跟党走，与时俱进找准道路是最大政治智慧

“初心铸魂，敢破善立”的龙桥精神是始终坚持党的领导和发挥人民主体性的精神。“党政军民学、东西南北中，党是领导一切的，是最高的政治领导力量。”这是社会主义政治文明的首要要求，也是根本特征。党的领导是做好各项工作的根本保证，党的全部工作目的就是践行党的初心、完成党的使命。改革开放以来，龙桥人坚定遵循党中央以经济建设为中心的基本路线，坚持改革创新精神，依靠集体经济带动共同富裕，

成为坚定跟党走、坚决践行初心使命的表率。坚决跟党走，要做到忠诚、干净、担当，尤其在市场经济环境下，面对巨量集体经济经营管理和保值增值，如何抵御拒腐防变的风险成为龙桥党组织面临的艰巨课题。对此，近年来龙桥社区党委打造了“三个一”廉政工作法，即一条主线、一项制度、一支队伍。围绕“从严治党”一条主线，强化班子政治自觉，将廉洁清正作为职业底线，砥砺班子担当精神，创新社区工作思路，坚守“为民、务实、清廉”的工作使命；建立完善一项制度，即社区重大事项议事制度，改进工作作风，推动社区规范化管理；打造一支队伍，社区监督委员会队伍，把党风廉政建设与社区经济建设密切结合，为社区稳定和集体经济发展提供坚强的纪律保障。

（二）以人民为中心利民惠民富民，是社会主义根本政治理念

“初心铸魂，敢破善立”的龙桥精神的重大价值指向就是利民惠民富民。习近平总书记指出：“人民对美好生活的向往，就是我们的奋斗目标”。在新的长征路上，全党必须牢记，为什么人、靠什么人的问题，是检验一个政党、一个政权性质的试金石。龙桥社区始终坚持把群众利益放在首位，把惠民富民作为发展的根本目标。2009年，龙桥社区组建成立龙桥社区股份合作社，在原来设股的股民中推行了增资扩股，达每人每股5万元，年分红利率为12%，全年分红近2000万元。通过多样化入股分红的方式，使集体经济的红利与村居民的付出建立合理、良性的关联，既有效维护了集体经济属性，又形成了让百姓得利、让企业发展的长效机制。2018年，龙桥社区股份合作社与长联置业有限公司签订了三年委托管理计划，他们成立了一支专业的管理团队，从招租优质企业到租赁合同的签订，物业的安全管理，房租的收缴，都有一套规范的程序，确保集体资产保值增值。截至2019年9月30日，龙桥社区完成股权固化，总股本7061股，其中集体股1412股，个人分配股5649股。正是有了为人民谋利益这个崇高政治品格的支撑和引领，龙桥集体经济实现了最好发展，发挥了最大效应，展现出了骄人业绩：社区集体总资产、净资产、集体经济稳定收入，合作社现金分红都位列吴中区各村（社区）首位。截至2019年，龙桥社区总资产为14亿6700万元，总出租面积为284414.02平方米，全年房租收入4939.53万元，投资收益总收入2076.8万元，农民人均收入53325元。

（三）打造基层发展共同体、凝聚强大组织力是坚实政治保障

龙桥精神之所以能够推动龙桥从贫困走向富裕，从农业领先走向全面发展，从根本上讲是因为龙桥党组织带领龙桥人民形成了抱团发展、共建共享的发展共同体，促进了全过程民主。在改革开放以来的经济发展中，龙桥人把发展共同体主义的理念代代相传，本着“一个人富了不叫富裕，全村人富了才叫富裕”的初心，走上了共同富裕的康庄大道。如今，在高度发达的集体经济基础上，龙桥既没有暴发户，也没有贫困户。龙桥人全体享受着幸福美满生活，社会保障应保尽保，老年人由日间照料中心悉心照料，社会治理全民参与，社区人居环境日益美丽。在打造基层发展共同体的过程中，龙桥社区党组织坚持党建引领，不断提升组织力、行动力、战斗力，强大的组织力使党组织能够破解基层发展的各种难题。在城市升级改造进程中，龙桥社区多次拆迁征收，龙桥党组织专门成立了拆迁行动支部，让每一名党员都行动起来，坚守在拆迁点位上，不断开展政策解释和动员工作，让拆迁对象及时了解相关政策。结合“四议两公开”制度制订切实合理的征收安置方案，密切联系群众，完成了地块清零的任务。在疫情防控的关键时刻，龙桥党组织发动党员志愿者，舍小家为大家，秉持疫情就是命令、防疫就是责任的崇高使命感，把好社区防疫的每个卡口，被居民亲切地称为“最佳门神”。在党组织的带领下，龙桥社区党

“不忘初心　牢记使命”研学活动

群一体、干群一心，把基层发展共同体夯实为社区命运共同体，全面实现人民当家做主。

结语：基层创新是中国政治进步的摇篮

“初心铸魂，敢破善立”的龙桥精神体现了乡土气息的政治经济学在基层的创新发展，昭示中国政治进步既需要顶层设计，更需要来自基层的创新智慧。中国政治进步的创新源头在底层、在实践。基层党组织和党员群众是创新的最直接、最现实的主体，他们是真正的民间高手，是推动经济社会高质量发展的英雄，他们对存在的问题最清楚，对解决问题的办法最有发言权。数量众多的底层创新不仅把来自高层的创新举措下地落实，更重要的是本身就孕育着社会进步和政治发展的创新元素。龙桥精神在推动政治文明进步方面的价值，鲜明地论证了底层创新是中国政治进步的摇篮这个命题。政治进步的核心主题是落实人民当家做主，对乡土中国一个个活生生的老百姓来说，如何当家做主？什么才是真正的当家做主？在龙桥精神发展过程中，人们更会深切地认识到，基层创新是中国政治进步最活跃的因素，人民当家做主的真谛就是带领人民群众通过不懈奋斗过上共同富裕的好日子。龙桥精神所折射的龙桥发展之路与发展成就，就是成千上万乡土中国底层创新带动整体政治发展和社会进步的光辉写照，也是当代中国最宝贵的精神财富。

第七章
龙桥精神推动社会文明完善

○ 孔　川

“文明是现代化国家的显著标志。要把提高社会文明程度作为建设社会主义文化强国的重大任务。”

——习近平

“初心铸魂，敢破善立”的龙桥精神既是龙桥社会文明的体现，又引领龙桥社会文明发展。2014年12月，习近平总书记在江苏调研时指出，做好各项工作必须有强大的价值引导力、文化凝聚力、精神推动力的支撑，强调要努力建设经济强、百姓富、环境美、社会文明程度高的新江苏。“强富美高”的新江苏是习近平总书记对江苏发展的要求和期望，是中国梦在江苏大地的生动描绘，尤其是强调社会文明程度高，对江苏社会文明建设和探索指明了方向。龙桥精神是龙桥人的精神特质，是基层社会文明建设的典型代表，对社会文明建设具有借鉴意义。

一、龙桥精神推动社会文明完善的重大意义

（一）龙桥精神助推基层社会治理现代化

社会治理是社会文明建设的重点，更是社会文明建设的重要途径。

龙桥精神作为龙桥人的精神家园，本身就是社会文明成果的重要体现和重要标志，龙桥精神推动社会文明完善的意义，首先体现为龙桥精神对基层社会治理现代化的助推作用。

习近平总书记指出："社会治理的重心必须落到城乡社区，社区服务和管理能力强了，社会治理的基础就实了。"龙桥精神助推基层社会治理现代化主要体现在激发基层群众参与社会治理的主动性，增强基层群众参与社会治理的动力，形成基层群众参与社会治理的合力，构筑基层群众参与社会治理的共同体。

龙桥社区注重激发基层群众参与社会治理的主动性。社会治理需要多方参与，尤其是要调动基层群众、社会组织的力量，助推治理社会化，实现参与式治理。龙桥社区深入推进"三社联动"，按照长桥街道"抓住重点、突破难点、打造亮点"的要求，以创新和规范为双轴驱动，推动社区服务项目化、清单化、专业化水平进一步提升。

一方面，龙桥社区通过"和谐微实事"，为普通居民参与社区事务提供载体和平台。龙桥社区充分尊重社区居民的意见和建议，由社区居民民主推选治理项目，制定治理责任清单、执行清单，社区做的就是基层群众希望的，增强了社区居民对社区工作的支持和关注。经过社区居民民主投票，龙桥社区2020年度"和谐微实事"包括长桥新村文化长廊改造项目、龙港二村增设老年活动室、太湖东路280号修建活动场地、补充健身器材、月浜西公寓完善消防设备。另一方面，龙桥社区积极推动"全科社工"工作站规范化建设，全面强化居务公开。龙桥社区按照社区治理的要求，制定了六张治理清单，包括"龙桥社区服务清单""龙桥社区项目清单""龙桥社区需求清单""龙桥社区资源清单""龙桥社区活动清单""龙桥社区任务清单"。龙桥社区居民通过居务公开，全面了解社区日常事务，及时掌握社区工作动态，参与社区重大事项，凝聚了社区发展共识，增进了社区发展动力，为龙桥社区基层社会治理提供了强大精神支撑。

龙桥精神属于每一个龙桥人，是龙桥人民在实践发展中共同创造共同认可的精神财富，激发了基层群众的自豪感和荣誉感，增强了基层群众的主人翁意识，成为激发基层群众积极参与社会治理的精神力量。龙桥精神作为一种精神力量，在增强龙桥群众内心归属感的同时，营造出良好的治理氛围，塑造出良好的治理形象，引导基层群众在社会治理中学会互动、学会交流、学会协商，鼓励基层群众以实际行动参与社会治理，形成全过程人民民主，为构筑基层社会治理共同体提供精神支撑。

（二）龙桥精神助力基层社会的和谐稳定

社会和谐是社会文明的追求目标和建设理想，是衡量评价社会文明程度的重要标准。龙桥精神作为社会文明建设的成果，其推动社会文明完善的意义，体现为龙桥精神对基层社会和谐稳定的助力作用。

社会和谐是中国特色社会主义的本质属性，是国家富强、民族振兴、人民幸福的重要保证，是中国特色社会主义的奋斗目标。龙桥精神是龙桥人在追求共同富裕的道路上形成的精神品格，龙桥人团结一致，互助互爱，诚信友善，邻里和睦，形成了男女平等、尊老爱幼、扶贫济困、礼让宽容的人际关系，发扬艰苦奋斗精神，提倡勤俭节约优良传统，在实现共同发展过程中营造了讲团结、顾大局、讲正气、促和谐的风尚，培育了向上向善的和谐文化，有效促进了和谐社会建设。

龙桥社区积极开展和谐创建活动。社区认真落实长桥街道精神要求，认真开展“六个一”，即收集一批社情民意、促进一批企业创新、推动一批项目建设、化解一批矛盾问题、总结一批基层典型、完善一批政策措施，着力解决改革发展稳定的重点、难点、热点问题。成立九个工作组，走访居民658户，帮助居民和企业解决各类问题24个，一心一意破解民生难题、回应群众关切，进一步深化了党和群众的血肉联系，有力促进了社会和谐。社会和谐需要全体人民的共同参与，在和谐的目标指引下，龙桥社区广泛开展和谐家庭、和谐社区、和谐邻里等创建活动，通过一个个和谐细胞，形成人人促进和谐的局面，最终促进社会整体和谐。和谐需要文化的保障，也需要行动的践行。龙桥社区注重创建和谐家庭，培养家庭美德，培育优良家风，夯实和谐社会的家庭基石。龙桥社区注重创建和谐社区，构建生活共同体，邻里和睦，互帮互助，深入开展志愿服务活动，建设有温度的社区。龙桥社区注重创建和谐个体，注重人的心理和谐，加强人文关怀和心理疏导，养成健康文明的生活方式，引导人们正确对待自己、他人和社会，正确对待困难、挫折和荣誉，塑造自尊自信、理性平和、积极向上的社会心态。

龙桥精神追求和谐，向往和谐，在艰苦奋斗和敢破善立过程中，积极引导基层群众处理好个体和集体、个人和他人的关系，塑造了龙桥人积极向上的社会心态，孕育了好家风好家教，广泛开展和谐创建活动，有力推动了和谐社会建设。在龙桥精神的滋养下，龙桥人对社会和谐孜孜以求，持续探索，荣获江苏省和谐示范社区荣誉称号就是对龙桥社区和谐的最好注脚。

（三）龙桥精神利于化解基层社会矛盾纠纷

解决基层社会矛盾，化解基层社会纠纷，是基层社会文明建设的重要工作。龙桥精神作为社会文明建设的成果，其推动社会文明完善的意义，体现为龙桥精神对基层社会矛盾纠纷的化解作用。

基层社会矛盾关系到基层群众的日常生活，涉及基层群众的切身利益，影响面大，涉及面广，需要我们保持清醒头脑，居安思危，科学分析基层社会矛盾产生的问题及其原因，更有针对性地建设基层社会文明。龙桥精神助力化解基层社会矛盾主要体现在形成理性面对基层社会矛盾的态度，创新化解基层社会矛盾的方法，统筹协调各方面利益关系，妥善处理社会矛盾。

理性面对社会矛盾。解决社会矛盾，首先要正视矛盾，形成对待社会矛盾的理性态度。在龙桥社区发展的历史过程中，面对农民增收、农业增产、产业均衡发展的矛盾，面对土地减少、拆迁补偿、环境提升的矛盾，面对资产增值、股权变更、福利分红的矛盾，在社区党组织的坚强领导下，龙桥人困难面前不退缩、矛盾面前不回避、挑战面前不畏惧，理性面对发展过程中的各种矛盾。龙桥社区在党组织的领导下，理性看待社会矛盾，积极主动地认识矛盾、发现矛盾、正视矛盾、分析矛盾，把矛盾的原因搞明白，把矛盾的对象摸清楚，正确处理了发展过程中的一个又一个矛盾。龙桥精神是在化解一个个社会矛盾中形成的精神力量，龙桥人敢于面对矛盾，善于分析矛盾，不怕矛盾，不躲矛盾，不避矛盾，越是纷繁复杂的矛盾，越能够沉下心俯下身，形成了对待社会矛盾的理性态度。

研究化解社会矛盾的方法。基层社会矛盾复杂多变，很难用一种办法包打天下。针对“半城半乡、有城无产、管理落后、基层弱化”等突出问题，龙桥社区紧紧围绕“核中之核”战略定位，以党建为统领，抓牢“城市更新、产业升级”两大主线，坚定不移推进“发展城市经济、创新城市治理、优化城市服务、提升城市品质”四大任务，以“拆迁攻坚、环境提升”为重点，找准了社会矛盾的难点，找到了化解社会矛盾的方法，促进了社区持续繁荣。针对社区内住宅小区物业管理不到位，管理难度大，情况复杂的现实矛盾，龙桥社区结合“263”“331”整治行动及文明城市创建

幸福微实事

要求，秉持“不等不靠、务实高效、执行第一、联动为王”的宗旨，开展专项整治行动，排查“9+1”场所103家，集中整治7次，共清理煤气瓶230余个，关停搬离3家黑网吧，通过招投标进行第三方管理，实现所有住宅小区物业规范化管理。

龙桥精神是龙桥人团结奋斗的精神，是龙桥人拼搏奋进的精神，龙桥人在解决基层复杂的社会矛盾中敢于探索新方法，善于运用好办法，尊重基层群众的主体地位，重视基层群众的利益诉求，形成具有乡土气息的利益协调、诉求表达、矛盾调处、权益保障的方法，统筹兼顾各方面群众的关切，把矛盾化解在基层、解决在萌芽状态，维护群众利益和社会稳定。

二、龙桥精神推动社会文明完善的经验做法

（一）创新基层社会治理方式

党的十八大以来，龙桥及其所在的吴中区长桥街道坚持从推进国家治理体系和治理能力现代化的高度，不断提高政治站位加强政治理论学习，结合基层工作实际谋划、推进基层社会治理现代化，着力提高基层社会治理社会化、法治化、智能化、专业化水平，探索构建共建共治共享的基层社会治理制度，社会和谐、稳定又充满活力，基层群众获得感、幸福感、安全感不断增强。

龙桥社区认识到社会治理智能化是互联网时代社会治理的大趋势，只有大力借助信息化、大数据、云计算等现代科技手段，才能提升社会治理的智能化水平，实现智慧治理。

依托“社会综合治理云平台”和社会综合治理“一张网”，在长桥街道统一部署下，把辖区的主次干道、街巷、农贸市场、校园等管理要素，合理调整、灵活设置为城市综合管理网格，将市容环境管理、综合行政执法、垃圾分类减量等工作落细落实到网格中去，配齐配强网格管理人员、执法人员，全面实施网格综合治理，形成联动机制和长效管理机制。不断延伸“网格化”触角，让网格更智能、更有效、更便捷，努力开创城市精细化管理新局面。

依托“基层治理云平台”，在长桥街道统一部署下，充分运用科技监管手段和标准监管流程，有效发挥“大数据 + 网格化 + 铁脚板”作用，完善安全生产监管基层能力建设，严格安全生产行政执法，提高执法监管效能，持续推进安全生产各项工作。鼓励企业大胆创新突破，开展企业“智慧消防”建设。试点建设智能消火栓“互联网 + 消防”智慧平台、

电气火灾及烟感监测报警系统，有效提高科学监管水平，提升安全水平。

龙桥社区在长桥街道老旧小区安防设施（一期、二期）改造工程中，积极配合，建设监控前端，实现社区治理“全域覆盖、全网共享、全时可用、全程可控”，进一步提高了小区安防建设的信息化水平，通过信息化助力安防工作，提升了居民获得感、幸福感、安全感。

（二）重视家庭家风家教建设

2016年12月12日习近平总书记在会见第一届全国文明家庭代表时强调，家庭是社会的细胞。家庭和睦则社会安定，家庭幸福则社会祥和，家庭文明则社会文明。龙桥社区重视家庭，重视家教，培育好家庭，引领好家风，积极开展“和美家庭”评选活动，引导大家从家庭做起，用家庭文明带动社会文明，以家庭和谐促进社会和谐。

“和美家庭”注重以好人培育好家庭。龙桥社区注重发掘身边好人，宣传身边好人，树立好人典型，让人人学好人，人人当好人。一个好人，感动一拨人，带动一群人，影响一批人，让乐善好施、善行义举成为基层群众的自觉追求。龙桥社区积极开展“吴中好人”“苏州好人”“吴中新人”“精神文明建设新人”等评选活动，让身边默默奉献的好人发亮闪光，让身边的典型榜样可学可鉴。社区居民沈双昌被评为“吴中好人”，2003年他第一次参加“献一份爱心，助一棵幼苗”爱心助学活动，结对资助三个小学生和一名中学生。2008年，沈双昌去四川省内江市资中县走访贫困家庭，看到这些孩子对学习的渴望，对走出大山的渴望，他和朋友们决定，要确定资助对象，长期跟踪，关心孩子的学习和生活，帮助他成长并成才。在沈双昌的带动下，从一个人助学到一群人助学，助学团近20年的爱心奉献和接力资助，帮助贫困家庭的孩子们点亮人生梦想，实现人生理想。

“和美家庭”注重以家庭和谐促进社会和谐。一个和睦美好的家庭，首先是尊老爱幼的家庭，孝敬老人，相敬如宾，善养子女。弘扬家和万事兴、忠厚传家久、百善孝为先等中华优秀传统美德，注重为人处世、修身劝学、理家育子、和亲睦邻之道。家庭成员之间民主平等、相互尊重，理解信任、沟通顺畅，感情深厚、亲情陪伴。父母与子女之间长幼有序、孝老爱亲、传承孝道。夫妻之间忠诚恩爱、包容接纳、责任共担。亲属之间、邻里之间友善和睦、共同分享、守望相助。家庭成员日常生活温馨乐观、彼此扶助、相濡以沫，特殊困难不离不弃、舍己为家、尽心尽责。

“和美家庭”注重公益活动促进社会文明。龙桥人鼓励并引导家庭成员积极参加社会公共事务。积极参加慈善捐助、义务劳动、无偿献血、捐献造血干细胞、社区服务等公益活动。积极参加邻里守望、扶贫济困、生态环保、养老助残、法律援助、文化体育等各类学雷锋志愿服务活动。热情关心特殊困难人员，参加结对帮扶等活动，为他们排忧解难。社区居民邵正男，乐于助人，乐善好施，他在家门口准备了几把椅子，把别人搬家不用的长条凳放在楼下，上面搭建遮阳棚，免费给居民们休息，大伙都开玩笑地说这是“夕阳（老人）休息点”。作为水电工出身的他，义务帮助小区居民维修电器、水管。有一天晚上，正值用电高峰期，小区连续几户居民家电出了问题，邵正男从晚上 7 点一直忙到 11 点，一刻都没停过。在邵正男带动影响下，林建斌、陈多金等社区居民积极参与社区公共事务，力所能及参加公益活动，促进了社区文明程度有效提升。

（三）广泛开展志愿服务活动

志愿服务是社会文明程度的重要标志。长桥街道紧扣区文明实践中心“1357+X”工程，把志愿服务作为推进新时代文明实践工作的重要抓手，以“文明高新　乐享志愿”为主旨，大力弘扬志愿服务精神，推进志愿服务体系不断完善、队伍不断壮大、活动广泛深入开展，营造我为人人、人人为我的良好社会风尚。

激发志愿服务团队活力。龙桥社区现有两个志愿服务团队，包括龙桥社区党群服务中心团队和龙桥社区志愿服务团队，团队由社区工作人员自发组织，每月至少开展一次志愿活动。社区党群服务中心团队 79 人，目前团队服务时长（按成员）41468 小时，社区志愿服务团队 187 人，目前团队服务时长（按成员）39940.5 小时。龙桥社区所在的长桥街道，组建了由党工委书记任队长的“长桥街道新时代文明实践志愿队”，党工委书记带头、班子领导带动，全员参与文明实践志愿服务。统筹机关、社区、学校、医院、社会组织等队伍，组建丰富多样的新时代文明实践志愿服务支队，涌现出“四季行”“惠民乐助”“龙城星火”“城西中学志愿队”等一批先锋志愿品牌，2020 年培育成立了“破晓之光”“彩虹之约”等新生团队，志愿队伍不断壮大。目前，累计注册志愿团队数 534 个，2020 年新增团队 119 个；志愿者累计注册 31662 人，2020 年新增注册志愿者 14944 人。

推进志愿服务与文明实践相结合。龙桥社区认真开展新时代文明实践工作，以龙桥社区党群服务中心为主阵地，把龙桥社区新时代文明实践站打造成为理论宣讲、文化创建、志愿服务、教育服务、文化服务、科技与科普服务、健康促进与体育服务七大服务平台，把志愿服务贯穿新时代文明实践全过程。在新时代文明实践站，龙桥社区始终以群众需求为导向，主动收集群众意愿，链接社会资源，开展多种形式的文明实践和志愿服务活动，不断满足居民日益增长的精神文化需求，引导广大人民群众投身文明实践活动，切实打通宣传群众、教育群众、关心群众、服务群众的“最后一公里”。龙桥社区注重整合志愿服务资源，发挥志愿服务合力。

原澹台湖大酒店党支部书记薛向荣，从 2016 年起，每年组织酒店志愿者团队与社区开展公益活动，由龙桥社区推荐评选为 2021 年第一季度“最美高新人”。在理论宣讲方面，龙桥社区充实党员、道德模范、“百姓名嘴”、文艺人才等宣讲志愿队，开展“道德讲堂”“党史故事今日说”“百姓摄影大讲堂”“书香澹台”“道德评弹”等形式多样的宣讲活动，使党的理论思想飞入寻常百姓家。龙桥站获评吴中区首批优秀所（站）。

（四）健全基本民生公平保障

民生工程是民心工程，更是社会文明建设的重要内容。龙桥社区所在的长桥街道紧扣“建设苏州南城首善之区”目标定位，在发展中不断补齐民生短板，坚持和完善统筹城乡的民生保障制度，加强普惠性、基础性、兜底性民生建设，进一步健全基本公共服务制度体系，满足人民日益增长的美好生活需要。以“五优联动”促“无忧生活”，努力实现民生事业的高质量，积极打造“首善之区”的“民生幸福标杆”，使改革发展成果更多更公平惠及全体人民。

对弱势群体的救助帮扶是社会文明的显著标志，也是社会文明进步的重要体现。龙桥社区始终重视健全基本民生保障，关心弱势群体，关注民生诉求。龙桥社区进一步健全困难人群收入核查机制、救助标准动态增长机制和临时困难救助机制，最大限度实现困难群体的生活保障，完善民生保障兜底功能，形成基本生活救助、专项救助、急难救助为主体，社会力量救助为补充的救助格局。

龙桥社区关注低保家庭、困难家庭、残疾群体、困境儿童、优扶对象等对象的生产生活状况，收集心愿单，深入开展综合服务。在吴中区长桥街道残联和社会事业局指导下，全面整理社区内残疾人资料，不落一人，不忘一户，为社区残疾人办理生活救助。截至 2019 底，社区共有

医疗服务进社区

持证残疾人 154 人，57 人参加残疾人团体人身意外伤害保险，13 人办理残疾人灵活就业社保补贴，使广大残疾人在政治上有地位、人格上有尊严、经济上有实惠、生活上有保障。社区坚持开展送温暖活动，2019 年为 84 名老年人办理了老年卡，25 名老年人办理了尊老金，为 30 名老年人申请了居家养老援助服务，对无业重残生活救助共 13 人，无业精神智力三四级补助共 4 人，满足他们的基本生活需求。在 2019 年，社区共为贫困户、困难党员、困难群众、残疾人家庭等人员发放慰问金和医疗补助共计 70 多万元。

三、龙桥精神推动社会文明完善的价值启示

（一）汇聚治理合力

社会文明关涉到每一个人，所有人都负有社会文明建设的责任。龙桥精神推动社会文明完善启示我们，社会文明建设需要每一个人的行动，需要全社会的共同参与，需要汇聚治理合力。只有全社会共同关注社会文明，只有每一个人关心社会文明，在社会文明建设中凝聚共识，达成一致，才能形成社会文明建设的良好氛围。

龙桥社区通过“和谐微实事”调动社区居民的积极性，引导社区居民参与社区建设，汇聚社区治理的整体合力。“和谐微实事”通过社区群众全民提议、民主协商、全民投票的方式，确定实施一批社区群众关注度高、受益面广、贴近居民、贴近生活、群众热切希望解决的公共服务项目（分为工程类和服务类）。“和谐微实事”包括项目启动、项目征集、项目筛选、项目投票、项目公示、落选项目提议集中回复、项目实施、项目评价 8 个步骤。在项目征集阶段，龙桥社区利用报纸、微信公众号、宣传海报、网络媒体、政府公告、居务公开栏、业主委员会等媒介或平台，发布征集“和谐微实事”项目提议及方法公告，让社区全体居民知晓，并提出意见和建议。在项目投票阶段，各小区设立投票站，年满 15 周岁以上居民均可投票，包括在社区内工作、学习的人员，以及户籍和非户籍人员。每张选票可以选 3 到 5 个项目，领导小组办公室统一安排计票时间，由居民小组长、居民代表、项目提议人根据得票数高低排序，直到超过总体预算额度的项目为止。

要汇聚治理合力，必须大力培育公共精神。社会治理是社会文明建设的主要途径，人们参与社会文明建设，主要体现为对社会治理的关注和

参与。社会治理是多元主体的协同共治，公共精神是激发多元主体参与社会治理的前提。公共精神是一种主体精神，要使每一个人都认识到自己参与治理的主体责任，要培育主人翁意识，主动关心社区发展，积极参与社区建设。主体精神是一种主动意识，要主动关心参与社区建设，而不是被动漠不关心，更不是“搭便车”“马后炮”“等靠要”。主体精神是一种责任意识，社会文明的程度和每一个人都息息相关，要认识到每个人肩负的社会文明建设责任。针对社区发展中存在的问题和社会文明建设的困境，每个人都不能只停留在抱怨发牢骚上，而要深刻检视自身的责任有没有履行、行动有没有落实。

要汇聚治理合力，必须注重机制建设。培育公共精神是汇聚治理合力的基础，机制建设是汇聚治理合力的关键。把每个人的公共精神转化为社会治理的实际行动，要完善机制建设，通过有效的交流机制、管理机制、激励机制，才能产生社会治理的整体合力。交流机制重在畅通意见建议的表达，重在意见建议的反馈收集，让基层群众有话说、有地说、想说敢说，让基层群众说了有用、有效。要搭建定期的沟通交流平台，听取基层群众的想法和建议，尊重基层群众的主人翁地位，及时反馈基层群众的诉求和需求，让基层群众的困难事烦心事揪心事成为社区建设的重点。管理机制要注重管理的有序化和人性化，合理制定责任清单和负面清单，让基层群众在社区管理中感受到人文关怀，在社区文化中感受到精神力量，在社区服务中感受到温暖温情。激励机制重在引导群众参与社会治理，要奖惩分明，导向鲜明。对积极参与社会治理的基层群众，要给予相应的物质奖励和精神奖励，让基层群众在参与中感受到实效和成效。

（二）弘扬优良家风

家庭文明是社会文明的基础。习近平总书记强调，无论时代如何变化，无论经济社会如何发展，对一个社会来说，家庭的生活依托都不可替代，家庭的社会功能都不可替代，家庭的文明作用都不可替代。三个不可替代，体现了家庭地位的重要性，体现了优良家风的重要性，体现了良好家教的重要性。龙桥精神推动社会文明完善启示我们，社会文明建设需要每一个家庭，需要弘扬优良家风，需要注重良好家教。家庭和睦则社会和谐，家庭幸福则社会祥和，家风正则社会风气正，家教严则社会风气好。只有家庭文明落实到位，社会文明才能长长久久！

龙桥社区以文明户评选为契机，引导社区居民重视家庭，重视家教，重视家风，引导社区家庭形成和睦友爱、相亲相爱、团结互助的家庭文化。社区在文化长廊、宣传栏、公告栏等公共场所，宣传优良家风家训，发挥典型家庭的带动示范作用，激发社区居民学习文明户、追求文明家庭的动力，形成了弘扬优良家风的良好氛围。

弘扬优良家风，建设相亲相爱的家庭关系。家庭是社会的细胞和生活的基本单元，是每个人成长成才的第一课堂。现代家庭尊重个体，尊重独立，家庭成员都是平等关系。相亲相爱一家人是现代家庭关系的基本体现。弘扬优良家风，家庭关系要和谐，家庭成员要和睦，成为相亲相爱的一家人，就要尊重个体，维护个体利益，保护个人隐私，使个体有机融入家庭整体，为优良家风奠定坚实基础。

弘扬优良家风，引领向上向善的家庭美德。家庭成员有辈分之分，家庭关系有多重类型，家庭美德则是每一个家庭的追求向往。家庭不只是人们身体的住处，更是人们心灵的归宿。夫妻之间要和睦恩爱，同享受更要共患难，相濡以沫，携手相伴，相互尊重，相互信任。为人父母要关心子女，尊重子女，教育子女，重养育更重视教育，把子女培养成为品德高尚、心灵纯美、心智健全的社会人是父母的责任。为人父母要赡养老人，照顾老人，体贴老人，重丧更重养，养老送终是作为子女的应尽义务。相亲相爱是基于血缘关系的自然体现，向上向善的家庭美德则是自觉追求。家庭成员要相互监督，相互促进，发扬尊老爱幼、男女平等、夫妻和睦、勤俭持家、邻里团结等传统美德，向上向善、积极进取，互助互爱、奋发有为，抵制歪风邪气，弘扬清风正气，以好的家风支撑起好的社会风气。

（三）绘就和谐画卷

社会文明则社会和谐，社会和谐铸就社会文明。社会文明建设的目标就是实现社会和谐，绘就社会主义和谐社会的美丽画卷。社会和谐要注重利益和谐，关注弱势群体，关心困难群众，让基层群众感受到社会的温暖和关怀。和谐要注重精神和谐，在利益和谐的基础上更加注重精神和谐，培育良好心态，树立社会自信，坚信幸福生活是奋斗出来的，只要每个人都脚踏实地加油干，就一定能够创造美好生活。龙桥精神推动社会文明完善启示我们，社会文明建设要重视社会和谐，化解社会矛盾，维护社会稳定，建设更加美好更加幸福的共同富裕之路。只有社会的和谐程度高，人与人之间诚信友爱、平等互助，社会安定有序、充满活力，公平正义有保障，社会文明建设才能落地生根。

龙桥社区在发展过程中始终追求和谐，把和谐作为发展的目标，把和谐作为衡量标准，形成了特色的和谐社区文化，取得了丰硕成果。2007年4月，龙桥社区被苏州市委、苏州市人民政府授予“苏州市和谐示范社区”荣誉称号。2009年12月，龙桥社区被评为江苏省和谐示范社区。龙桥社区把民主法治作为和谐的保障，健全规章制度，发挥社区民主，用民主激发和谐，用法治保障和谐，使和谐社区建设行驶在民主法治的轨道上。2009年12月，龙桥社区获评苏州市级民主法治社区。2014年5月，龙桥社区获评江苏省民主法治示范社区。

党建引领社区活动

绘就和谐画卷，更加重视增进民生福祉。基本民生福祉是社会和谐的基石，基本民生保障是社会和谐的底线。发展的根本目的是增进民生福祉，让群众都能过上幸福生活。必须多谋民生之利、多解民生之忧、多造民生之福，在发展中从人民群众的急难愁盼问题着手，补齐民生短板、增强民生弱项、补全民生缺项，促进社会公平正义，实现幼有所育、学有所教、劳有所得、病有所医、老有所养、住有所居、弱有所扶。习近平总书记强调，社会和谐，最根本和起决定作用的是经济利益关系的和谐。利益关系协调是利益关系和谐的基础。利益关系协调，并不是说没有利益差别，也绝不是要搞平均主义。利益差别可以有，但要合情、合理，更要合法，这应该是一种利益上富而有别、差而有序的状态。富而有别、差而有序的和谐状态，就要不断增强民生福祉，兜住民生底线，保障民生工程，确保国家长治久安、人民安居乐业。

绘就和谐画卷，更加重视化解社会矛盾。社会和谐不等于没有社会矛盾。共产党人要树立唯物史观，正确对待社会矛盾，合理合法合情合规化解社会矛盾。对于人民内部矛盾，要尊重群众的切身利益，站在群众的立场思考问题、看待问题，不能把复杂问题简单化，不能把群众意见当作找茬，更不能把群众问题当作麻烦。树立以人民为中心的理念，深刻把握群众路线的精髓，要心里装着群众，尊重群众，维护群众，倾听群众意见建议，理解群众客观困难，了解群众现实苦衷，想群众之所想，办群众之所急，真正贯彻落实全心全意为人民服务的宗旨。化解社会矛盾有很多方法，最重要的方法就是群众路线，相信群众，依靠群众，从群众来到群众中去，发挥基层群众的聪明才智，创新学习"枫桥经验"，把社会矛盾化解于基层，化解于无形之中。立党为公、执政为民不是一句空话，全心全意为人民服务也不是一句口号，只有真正做到以人民为中心，切实践行群众路线，任何社会矛盾都能迎刃而解，这是化解社会矛盾的前提，是绘就和谐画卷的关键。

结语：

龙桥人有大爱大情怀大格局，龙桥精神是龙桥人大爱大情怀大格局的精神品质，是龙桥人宝贵的精神财富，是龙桥人改革发展创新创造的精神力量。龙桥精神有力推动了社会文明完善，对全社会提高社会文明程度具有借鉴意义和示范价值，值得我们更加深入关注和认真解读。

第八章
龙桥精神推动生态文明攀高

○ 陆　波

良好生态环境是最公平的公共产品，是最普惠的民生福祉。

——习近平

“初心铸魂、敢破善立”的龙桥精神既是红色的，又是绿色的，在实践中闪耀着红绿交融的绚丽光辉。近年来，龙桥社区党委深刻认识新形势下生态文明建设的极端重要性和紧迫性，以习近平总书记对江苏生态文明建设的重要指示要求为指引，深入学习和贯彻习近平生态文明思想，肩负“争当高质量发展的示范和样本”的重要使命，将建设生态文明当作是关系人民福祉和关乎民族未来的重大问题，牢固树立“绿水青山就是金山银山”的理念，坚持绿色、低碳、循环发展，坚决落实生态文明建设各项部署，推动形成绿色发展方式和生活方式，协同推动生态环境高水平保护和经济高质量发展，发挥治污攻坚的“领头羊”“排头兵”作用，先后获评为江苏省和谐示范社区、江苏省文明社区、苏州市城乡一体化改革发展先进集体，从跟随到引领走向更高质量发展，从广泛布点到深度融合，龙桥生态文明建设正通过一项项敢为人先的改革创新逐渐走向纵深，以美丽龙桥建设的成就助力美丽中国建设。

一、龙桥精神推动生态文明攀高的重大意义

享有“山水苏州、人文吴中”美誉的苏州市吴中区，坐拥五分之三的太湖水域、五分之四的太湖峰峦，180 余公里的最美丽岸线，150 多平方公里被森林覆盖的丘陵山体，得天独厚的生态条件赋予了吴中承继生态禀赋与实行绿色嬗变的双重使命。坐落于吴中区城区中心的长桥街道龙桥社区，东临苏杭运河，南至澹台湖，西至大龙港（又名西塘河），北至涓长河，与苏州古城区仅一河之隔，在优越的自然条件和地理环境中孕育的龙桥人始终秉持“绿水青山就是金山银山”的理念，把保护环境和生态文明建设摆在发展全局的突出位置。在人与自然双向互动关系中不断推进生态理性的觉醒，并走向生态文化自觉。

（一）唤醒生态意识

龙桥精神是在协调人与自然关系以及人与社会关系中产生和形成的。龙桥精神体现了协调人与自然关系的生态理性以及协调人与社会关系的社会理性。具备一定生态意识的公民，在主动参与社会生态活动中，会不断克服所遭遇的种种由生态问题导致的生存困境，有智慧、有能力按照生态道德原则办事，具备处理生态环境问题的能力。1933 年美国著名的环保主义者奥尔多·利奥波德指出：“没有生态意识，私利以外的义务就是一句空话。所以，我们面对的问题是，把社会意识的尺度从人类扩大到大地。”[①] 利奥波德认为人作为生物共同体中的一个成员，应以谦恭和善良的姿态对待土地。

---

① [美] 奥尔多·利奥波德著：《大地伦理学》，侯文慧译，吉林人民出版社 1997 年版，第 199 页。

在农作物生产水平不断提高的基础上，龙桥人勇于创新思想、坚持科学种田。先后实现了田块方整化、灌溉渠系化，耕地、治虫、脱粒、灌排、水上运输、粮食饲料加工等机械化，并逐渐形成了建设高产稳产农田的综合技术“三化三适应”标准，即大地园林化与机械化作业相适应、排灌系统化与三熟制科学用水相适应、土壤活熟化与稻麦高产栽培相适应。从治水、改土、增肥到水、田、林、路、村统一规划、综合治理，大胆创新、勇于探索的龙桥人自觉树立尊重自然、顺应自然、善待自然的发展理念，“适时”“顺时”根据季节变换，充分发挥生态智慧和创造性，用永续发展的眼光审视自然、指导实践，不断增强对局部价值和整体价值关系的认识，最大限度地减少对生态的不利影响，积极维护自然界的稳定和生态系统的平衡，龙桥人的环境意识和生态意识不断觉醒，生态行为习惯也开始养成。

（二）增强生态理性

龙桥人对自然规律和社会发展规律的认识经历了从无知到有知，从知之不多到知之较多的不断递进的过程。在改革开放春风的推动下，勤劳的龙桥人解放思想，大胆突破计划经济体制的禁锢和小农经济意识的束缚，以敢于争先的气魄转入由农转工发展乡村工业的浪潮，苏州市金属轧制厂龙桥二分厂等工业企业应运而生，并开始领跑地方村级工业经济。在经济快速发展的同时，生态环境保护和经济发展之间的矛盾冲突日益凸显，工业“三废”（废气、废水、固体废弃物）污染环境问题日益严重。龙桥人转变思想、大胆作为，将干事创业的热情转化为推动绿色发展的激情，在协调“绿水青山就是金山银山”的关系中，龙桥人的生态理性逐渐壮大，人与自然关系以及人与社会的和谐关系日益递进。

1971 年，龙桥大队因河水中有毒物质含量过大，造成 58 名社员中毒，死亡耕牛1头、生猪1头的严重事故。1972年龙桥大队发生死鱼事故，经化验，水体含酚量高达0.92毫克/升，超过国家卫生标准的92倍，而在该污染源的苏化厂、溶剂厂运河排放口的含酚量达9.4毫克/升，超过国家标准竟达940倍。龙桥大队社员要到几里以外挑水喝。由于环境污染的原因，20世纪70年代中期苏州市癌症和肝炎在全省七个省辖市中发病率最高。人民群众对环境状况日益不满，多次给环保部门写信反映相关环境问题。1978年底，党中央以中发79号文件批转了国务院环境保护领导小组关于《环境保护工作汇报要点》；1979年5月五届人大常委会通过并颁布了《中华人民共和国环境保护法（试行）》。苏州市环保局随即召集全市319个排污单位，有针对性地进行《环境保护法》的宣讲，并就收取排污费的目的、意义和用途进行解读。苏州化工厂、人民化工厂、东升化工厂专门成立了环保科，采取一系列措施加强“三废”的治理。苏州市金属轧制厂龙桥二分厂通过学习后，迅速开展排污治理行动，经过多方努力，基本上清除了黑烟，减少了污染。环保局还编印了相关学习资料供机关、工矿、学校、医院、商店、农村、部队以及居民学习、宣讲和张贴。另外，还通过报纸、电台、现场会等多种形式进行宣讲。通过广泛宣传，广大干部群众的生态法治观念得到提高，执行和遵守《环境保护法》的自觉性得到增强。龙桥大队普遍加强对环境污染的预防和治理，水体污染情况开始好转，水体中的酚、铬、砷、苯胺等含量开始下降，大气污染有所好转，有毒气体有所减少。

龙桥人在实践探索中深刻地认识到，人的生存、发展的文明样式是生态文明的理论起点，归根到底是建立在经济理性与生态理性辩证统一关系基础上的人的美好生活的文明样式。龙桥大队进入“农转工”的发展阶段后，领导班子与时俱进，牢牢把握集体经济的发展方向，开始组建集团，不断壮大乡村工业，一度发展为领跑地方村级工业经济的领头羊。但乡村工业低水平重复建设和过度利用造成了生态破坏、环境污染、水质恶化。面对惨痛的环境代价，龙桥人的生态意识得到了极大的觉醒，逐渐认识到只有处理好经济理性和生态理性的关系，认识到人与自然是须臾不可分割的生态命运共同体，人类只有尊重自然、善待自然才能获得永续发展的动力。龙桥人开始在实践中自觉地把握生态理性与经济理性的辩证统一关系，找寻“绿水青山和金山银山”相得益彰并为子孙后代提供坚强靠山的永续发展道路。

（三）发展生态经济

长期以来，传统的经济增长观念将经济增长与环境保护分割成两个独立的系统，认为经济的增长是经济系统内部的事情，与外部环境没有必然的联系。这种经济增长观念带来的直接结果是，经济增长可以不考虑环境承载能力，为了经济增长和国民生产总值的增加，可以以环境资源的大量消耗和破坏为代价。早在 1987 年美国经济学家罗伯特·里佩特就尖锐地批评道：“一个国家可能耗尽它的矿产资源，砍伐掉它的森林，侵蚀它的沃土，污染其含水层，杀尽它的野生动物，但是，国家的实测收入可能随着这些资源资产的消失而稳定地上升。”[①] 确立经济发展的观念，就是在追求经济的外延方面数量增长的同时，还要注重经济发展的质量指标，其中环境指标是质量指标的重要内容。生态经济是相对于不可持续的高碳经济的绿色发展经济形态，其本质特征是推进资源循环利用，维护可持续发展。生态经济将经济效益、生态效益和社会效益最大化统一起来，兼顾当代人和后代人利益，以保护人类生存环境、有益于人的发展为特征的可持续经济发展模式。

---

① 王松霈主编：《自然资源利用与生态经济系统》，中国环境科学出版社 1992 年版，第 62 页。

改革开放以来，龙桥人在统筹协调推进工业化、城镇化、现代化的进程中，谨慎把握工业文明与生态文明的辩证关系，促进两者协调地发展。“敢破善立”的龙桥人认识到工业文明是一把双刃剑，利弊兼具。随着村办工业的加速发展，集体经济的不断壮大，工业文明在创造巨大物质财富的同时，也在侵蚀和吞噬着人与自然和谐赖以确立的良好自然环境。经过思想认识的提高和实践教训的总结，龙桥人逐渐形成了“既要金山银山，更要绿水青山，绿水青山就是金山银山”的思想共识。1982 年，龙桥村在团结桥南创办了团结桥招待所，即后来的华龙饭店，这标志着龙桥人“二产转三产”迈开重要步伐。1988 年，作为吴县人民政府所在地的核心区域，龙桥村的土地全部被征用，从此，龙桥人因地制宜、审时度势，

玉波桥影

顺应吴县城市化进程，前瞻性地确定了以发展三产服务业为主导的产业布局，龙桥村自此进入发展三产服务业阶段。近年来，在城市化进程中，龙桥坚持把集体经济与城市产业发展有机融合，通过“退二进三”“一村二楼宇”等政策，大力发展商业楼宇经济，集体资产由厂房等传统资产逐步优化为商业楼宇资产。目前村级集体资产除异地收购资产外，90%都为优质商业资产，建筑面积超4万平方米，产业业态由二产向商贸、餐饮、大型超市、商业办公等现代服务业转变。从2017年开建，历经三年时间竣工的23层双子楼龙桥大厦，这栋占地17亩，使用面积达到7万平方米，总投资3亿元的高层楼宇发展城市经济。龙桥在促进传统产业转型升级过程中加快了绿色发展的步伐。

二、龙桥精神推动生态文明攀高的经验做法

“日出江花红胜火，春来江水绿如蓝。能不忆江南？”2013年3月8日，习近平总书记参加十二届全国人大一次会议江苏代表团审议时，引用唐代诗人白居易的《忆江南》赞江苏美景。习近平总书记对苏州的秀美记忆犹新：“江南是个好地方，自古就有‘上有天堂，下有苏杭’之美誉。之所以称苏杭为天堂，我想不仅是因为那里经济繁荣、社会安稳，而且还有自然风光、生态环境的美丽。”走在壮大集体经济康庄大道上，肩负“率先、带头、先行”的光荣使命的龙桥人牢记“小康全面不全面，生态环境质量是关键”，始终牢固树立生态文明理念，不断推动产业转型升级，努力使龙桥天更蓝、地更绿、水更清、环境更优美，使绿色发展成为龙桥的鲜明优势和品牌，使经济发展和生态保护协调发展、节能减排和低碳生活相得益彰、生态文化与人文素养互为促进，一幅幅诗画美景在龙

桥大地铺展开来。

（一）集约高效，推进产业转型

龙桥人民在实践中深刻地认识到，推动现代经济非可持续性发展向可持续性发展转变，必须变革传统的工业化发展道路，探索工业化与生态化有机统一与协调发展之路，实现生态系统和经济系统的良性循环以及经济效益、社会效益、生态效益相统一。进入21世纪，吴中城区城市化进程不断加快，2000年12月31日，经国务院批准，撤销县级吴县市，设立苏州市吴中区、相城区。吴中撤市建区的提档升级，翻开了千年吴中新城建设的崭新一页，推动了吴中这座现代化山水新城的强势崛起。“敢破善立”的龙桥人紧紧抓住吴中“撤市建区”的发展新机遇，2003年11月，龙桥社区成立，由原来的龙桥村、长桥村、月浜村、长渔村、龙桥老街居委会合并，隶属于吴中区长桥街道。合并后的龙桥社区，土地全部被征用，社区农民成了“失地农民”。失去土地、资源欠缺、后劲不足、增长乏力成了龙桥人可持续发展的障碍和瓶颈。

在上级党委和政府的正确领导下，龙桥社区紧紧抓住城市建设带来的机遇，主动应对拆迁带来的挑战，把握临近中心城区的区位优势，不断克服资源匮乏、资金短缺各类矛盾突出的重重困难，在经过大量调研论证的基础上,明确了“退二进三”“腾笼换鸟”和资产收购等发展规划和思路，积极推进产业结构优化创新，提升产业层次和业态，融入城市经济，建设高端服务业产业载体，提升附加值，不断壮大集体经济，做大集体经济蛋糕，让老百姓共享集体经济发展带来的红利。“腾笼换鸟”，简单来说，就是转走低端产业之“鸟”，腾出空间，改换发展科技含量高、产业关联度高、生态环保的高端产业之“鸟”。龙桥社区通过“腾笼换鸟”的做法，淘汰高能耗、低效益的工业项目，引进餐饮、商贸、休闲等服务业项目，发展循环经济。另一方面用足政策，精打细算，加快“退二进三”的产业结构调整，提升资本投资空间，确保集体资产合理化运作。龙桥社区集中资金、资源加快推进现代服务产业集聚，引进2万多平方米的苏州广慈医院、建设4万多平方米东吴水韵假日大酒店，迅速打造出了一批大型、优质的服务业精品项目。至2004年，通过短短5年的发展，龙桥集体经济收入实现翻番，突破2000万元，服务业比重从原来的30%提升到65%，始终走在吴中区村级集体经济前列。2006年，龙桥抓住“资产量化”契机，推进资产股份合作改革，创新农民利益联结机制，使失地农民的闲散资金得到充分利用，毅然将集体资产的50%折股量化给每一个村民。通过科学化和规范化的管理，集体经济收入水平不断提高，资本经营的增值成果惠及社民。

为了适应市场化、规模化、效率化的需要，龙桥人以持续创新的勇气和胆略，不断挖掘存量资源潜力，推进资源节约集约利用。2014年3月，由龙桥社区牵头并出资1.35亿元，占30%股份，长桥街道7个涉农社区共同出资4.5亿元成立了“长桥富民股份合作联社”。其中集体股占20%，用于公益事业建设；个人股占80%，用于个人年终红利分配。5月联社首次出手，以3.9亿元收购了位于吴中经济开发区的友新实业集团200亩土地、17万平方米厂房的工业区，将其打造成具有特色的富民工业园。该项目极大地拓展了龙桥社区及城区各社区集体经济再发展的空间。龙桥社区联合其他社区，走上了秉承发展共同体主义，联手参与市场竞争，抱团发展的新模式，有效地破解了集体经济发展的资源制约瓶颈，拓展了发展空间，集体经济发展再上一个台阶。无论是经济总量还是人均收入，龙桥社区的集体经济一直走在吴中区乃至苏州市前列。这项改革也加快了农村基础设施建设和公共服务提升。村庄道路、污水处理、停车场、小游园等基础设施得到完善，农村绿化、亮化、洁化基本到位。

（二）安全发展，构建和谐社会

红绿交融的龙桥精神充满着安全发展的价值诉求。安全问题长期以来是党和国家高度重视的问题，是关系社会稳定和群众利益的重大民生问题。近年来，因安全生产事故、道路交通事故、食品卫生事故等安全问题导致的环境问题不断出现，社会风险不断增多，成为经济社会发展的掣肘。龙桥人时刻牢记“安全高于一切，责任重于泰山”的发展理念，牢固树立安全“红线”意识，时刻保持警钟长鸣，全面构筑安全生产责任体系，压紧压实各方责任，全辖区、全领域、全行业共同守好安全防线，狠抓安全生产责任落实，严厉打击违法违规生产建设行为，严肃责任追究，努力创造良好稳定、和谐发展的安全生产环境。

近年来，长桥街道不断推动“城”与“人”的和谐共处，在深入推进社会治理“一张网”建设基础上，积极构建“基层治理云平台”，进一步提高安全监管水平。龙桥社区充分依托长桥街道云平台，突出线上线下全网融合，积极构建基于大数据平台的工作模式。充分运用科技监管手段和标准监管流程，有效发挥“大数据 + 网格化 + 铁脚板”作用，完善常态长效机制，守好安全底线。以督导反馈问题为导向，对标对表立行整改，深挖根源提升长效，注重源头防范、精准监管，全面清退落后产能；落实人员、装备、经费保障，提升安监机构能力建设；运用“吹哨报到”工作机制，集中优势力量对安全生产重点问题开展联合攻坚，做到隐患整治到位，风险消除彻底，切实保障辖区安全生产形势持续稳定。

（三）美化环境，共享生态福祉

近年来，龙桥社区深入学习贯彻习近平总书记关于生态环境保护的新理念、新思想、新战略，紧扣中央、省、市、区生态环境保护的相关规定要求，坚持问题导向，防治结合，全面落实区环境保护督查整改暨污染防治攻坚部署会精神，建设美好家园，让老百姓住得安心、舒心。龙桥社区开展了环境卫生整治、垃圾分类科普等一系列形式多样、丰富多彩的环保志愿服务活动，积极向居民传播生态文明理念，倡导群众自觉践行绿色发展理念，投身环保行动。为进一步加强禁止燃放烟花爆竹的宣传工作，树立青少年爱护环境的意识，社区组织青少年在辖区内开展“禁止燃放烟花爆竹”宣传活动，使青少年从小了解烟花爆竹燃放对大气环境的污染，并通过自身参与带动家人及身边人积极行动起来，提倡安全、文明、环保的方式迎接新年，共同营造一个安全、清新的生活环境。为切实改善小区居民的生活环境和居住条件，提高居民文明素质，龙桥社区全力做好人居环境整治提升工作。

为持续贯彻落实“两山”理念，以全方位优化生态环境为目的，龙桥社区从突出问题“大”破题迈向综合治理“微”攻坚，不断加大精细环保力度。持续开展大气环境精细化治理。为打赢蓝天保卫战，龙桥社区做好“攻、防、控”，坚持“管、治、查”，全面优化提升大气质量。开展建筑工地扬尘和建筑垃圾（工程渣土）整治行动，全面落实建筑工地周边100%围挡、物料堆放100%覆盖、土方开挖100%湿法作业、路面100%硬化、出入车辆100%清洗、渣土车辆100%密闭运输“六个百分之百”要求，建立健全扬尘治理长效机制，切实解决城市建筑工地扬尘污染突出问题，努力打造作业规范、管理有序、安全文明、整洁干净、绿色环保的建筑工地。开展裸土整治行动，拆迁地块实施草坪覆绿工程，对临时渣土堆场、主次干道两侧绿化裸土采取全面防尘网覆盖。持续开展水环境综合治理。龙桥社区坚决贯彻习近平总书记河长制、湖长制重要指示精神，增强科学治水能力，凝聚科学治水合力，推动治

石湖诗意

水体系和能力现代化。社区积极落实河道定期巡查工作，重点对“河长制”公示牌是否设置完整、水质是否清洁、有无河道围垦、有无漂浮物等影响水质的情况进行巡查。通过走访调查、实地察看、拍照等方式，切实掌握“河长制”工作落实情况。并逐一做好记录，做好回访，使河道管理责任常态化落实。社区辖区内的老旧小区，由于建成时间较早，排水设施不够完善，污水管道相对细窄加上多年沉淀，管道容易堵塞破损，污水外溢，雨后积水问题日益严重。龙桥社区积极采取措施全方位高标准推进生活污水处理提质增效项目，规范实施管网工程建设，提升污水管网养护管理水平，解决了老旧小区排水管网存在的问题，同时提高了污废水收集率和外排的畅通安全性，保护周围河道水环境。龙桥社区积极配合区污防办开展三年散乱污企业（作坊）整治、验收、销号工作，做好“散乱污”企业长效监管工作，对“散乱污”企业零容忍，以“不放过一条漏网之鱼”为原则，将“散乱污”整治纳入日常工作中，依托网格化联动机制，充分发挥网格巡查员作用，持续开展滚动排摸，对新发现的“散乱污”企业及时上报及时整治，对已完成的企业开展回头看，严防死灰复燃。

三、龙桥精神推动生态文明攀高的价值启示

“初心铸魂、敢破善立”的龙桥精神在推动生态文明建设中很好地解决了生态与文明的关系、经济理性与生态理性的关系、当代人的福祉与子孙后代人的福祉、区域价值与国家价值以及全人类价值的关系。龙桥人民通过生态文明建设越来越深切地认识到，生态兴则文明兴，生态文明建设是关系中华民族永续发展的千年大计，必须站在人与自然和谐共生的高度来谋划经济社会发展。党的十九届五中全会坚持新发展理念、着眼推动高质量发展，强调“推动绿色发展，促进人与自然和谐共生”，对深入实施可持续发展战略、完善生态文明领域统筹协调机制、加快推动绿色低碳发展等做出重要部署，为推进生态文明建设、共筑美丽中国注入强大动力。2035 年的远景目标是美丽中国建设目标基本实现。“十四五”是污染防治攻坚战取得阶段性胜利、继续推进美丽中国建设的关键期。新蓝图、新使命、新征程，新时代生态文明建设的大幕已经拉开，站在新的历史起点上，“初心铸魂、敢破善立”的龙桥人将用生态文明建设的新成果、新作为推动生态文明建设迈上新台阶，谱写建设“美丽龙桥”的新篇章。

（一）确立永续发展的理念

理念是行动的先导，人们的所有行为都是在思想理念支配下进行的。

永续发展的主体是人民，推动永续发展的动力和目的也是人民。坚持以人民为中心的发展、实现人民对美好生活的向往，是习近平新时代中国特色社会主义思想的核心内容，这个思想深刻体现了马克思主义唯物史观的基本原理和共产党执政规律的真谛，是中国特色社会主义进入新时代我们党肩负执政为民和执政兴国历史重任的行动指南和奋斗目标。坚持以人民为中心的发展和实现人民对美好生活的向往，实质上都是为了维护好、发展好、实现好人民群众的整体性利益。这个整体性利益，既有人民群众的政治权益、经济权益、文化权益、社会权益的维度，又有生态权益的维度，是将人民群众的经济权益、政治权益、文化权益、社会权益和生态权益紧密融合在一起的综合性权益。按照永续发展观所反映的生态政治观，任何政治问题和社会问题都不是脱离社会现实的问题，都不是脱离人民群众的利益、脱离人民群众的各种客观需要的抽象玄虚的问题，而是始终与社会发展特别是政治发展以及人民群众的切身利益、直接利益和长远利益紧密关联着的具体而实在的问题，“这里面有很大的政治”①。确立永续发展的执政理念，既是反映执政党使命宗旨的一句政治口号，也是执政党对人民群众庄严承诺的一种政治信念。

龙桥社区两委在吴中区长桥街道党工委的正确领导和关心支持下，深入推进“党建 + 治理”模式和“网格 +”建设，在龙桥社区党群服务中心试点建设全区第一家联动工作站，严明生态环境保护责任制度，严格落实“党政同责，一岗双责”，持续深化网格联动治理模式，注重源头防治和治理实效。社区结合“263”“331”专项行动、“河长制”、文明城市创建等工作，重点构建常态化预防、整治和监控机制，并不断夯实专项行动工

① 中央文献研究室编：《习近平关于社会主义生态文明建设论述摘编》，中央文献出版社2017年版，第5页。

作成果，防止问题反弹回潮。创新举措推进垃圾分类与回收利用等新型难点问题，确保社区环境始终保持文明整洁，“环境综合整治”提升行动取得阶段性成果。

案例：

春日午后，漫步龙桥社区长桥新村，大约每走200米便可以看到一个“四分类”垃圾分类亭，每家每户门前摆放着带有二维码的“厨余垃圾”和“其他垃圾”一灰一蓝两个垃圾桶，任意翻开一只垃圾桶的盖子，便发现其中的垃圾早已被工作人员收运。“大家都会把厨房的垃圾扔进灰色的垃圾桶里，每天一大早第三方公司就会把垃圾收走。”长桥村村民钱慧娟高兴地说，这样垃圾就不会堆在那里，整个村子变得又干净又整洁，也再不会有难闻的味道了。

早在2018年，长桥新村就开始了垃圾收运处理机制的探索，通过挨家挨户宣传，引导鼓励居民对垃圾进行分类，并借助第三方平台对垃圾按时进行收运处置，逐步推进小区生活垃圾“四分类”工作，提高居民的参与度。

同时，长桥新村在小区内设置30余个垃圾分类亭，作为垃圾统一收运时间之外的有力补充，提高垃圾分类工作开展的成效。在垃圾分类施行初期，小区物业还专门在岗亭区域设置了巡查人员，实时指导村民进行垃圾分类。

（二）健全系统完备的制度保障

习近平总书记强调：“只有实行最严格的制度、最严密的法治，才能为生态文明建设提供可靠保障。”扎实推进生态文明制度体系建设，是深入推进生态文明建设的重中之重。改革开放以来，我国制定出台和修订完善了一系列关于生态文明建设的制度规定和法律法规，生态文明制度体系日趋完善。党的十七大第一次提出加强生态文明建设的重大任务，党的十八大第一次提出加强生态文明制度建设的重大任务，党的十八届三中全会在此基础上提出必须建立系统完整务实管用的生态文明制度体系。2015年，中共中央、国务院印发《生态文明体制改革总体方案》，阐述了我国生态文明体制改革的指导思想、理念、原则、目标、实施保障等方面的重大举措，进一步提出要加快建立系统完整的生态文明制度体系，为我国生态文明制度改革和创新做出了顶层设计。方案明确设定了我国生态文明体制改革创新的路线图和时间表，提出到2020年，要建设好我国生态文明制度体系的“四梁八柱”，即建设好自然资源资产产权制度、国土空间开发保护制度、空间规划体系、资源总量管理和全面节约制度、资源有偿使用和生态补偿制度、环境治理体系、环境治理和生态保护市场体系、生态文明绩效评价考核和责任追究制度等八项制度。这是我国构成产权清晰、多元参与、激励约束并重、系统完整的生态文明制度体系的重大标志。党的十九届四中全会再次强调，要坚持和完善生态文明制度体系，促进人与自然和谐共生。党的十九届五中全会提出，深入实施可持续发展战略，完善生态文明领域统筹协调机制，构建生态文明体系，促进经济社会发展全面绿色转型，建设人与自然和谐共生的现代化。

龙桥社区深刻领会苏州市生态文明建设的相关文件精神，坚持制度落实与制度创新并重，严守生态保护红线，执行湿地保护修复制度方案，细化生态文明制度考核指标，落实生态补偿机制，紧紧抓牢“城市更新、产业升级”两大主线，以“拆迁攻坚、城市提升”为重点，坚定不移推进“发展城市经济、创新城市治理、优化城市服务、提升城市品质”四大任务，以制度体系创新扎实推进人与自然和谐共生的美丽龙桥。

案例：

走进龙桥社区盛村 30 弄，私家汽车井然有序地停靠在道路两侧划定的停车线内，腾出一条足以通行的道路，串联起一栋栋三层楼的自建“小楼”，勾勒出一幅安逸舒适的小康图景。循着道路再往里走，各家各户门前看不见任何垃圾的踪影，几位村民阿姨拎着扫帚、簸箕，说笑间扫去偶然飘下的赭色落叶，倒为小区平添几分生机和烟火气。

很难想象，这里在三年前还是另一番景象。“之前，小区里都是自己在家门口盖的那种木屋子，把路都堵住了，每次出去都很不方便；垃圾也是全部混在一起堆到垃圾桶外面，一到夏天，老远就能闻到刺鼻的味道。”居民蔡水姐说，现在木屋子拆掉了，垃圾都按时有人清理，整个小区干净整洁多了。

2018 年，龙桥社区开展“331”专项行动，对盛村居民展开宣传教育，要求其配合拆除各类违法建设木屋、“三合一”场所、出租房（群租房）等建筑，并将煤气钢瓶予以没收，同时社区出资对居民家中自制的木质隔断进行拆除更新，消除小区中的安全隐患。

次年，龙桥社区为盛村引进时新物业公司，设置专业保洁人员和安保人员，增强小区管理服务力度，全力打造安全整洁的居住环境。

（三）培育和谐共生的生态文化

“生态兴则文明兴，生态衰则文明衰。”习近平总书记的话，道出了生态与文明之间的内在联系。人类文明作为一种文明形态，从根本上而言则呈现一种文化样态，离不开文化的支撑。在 2018 年全国生态环境保护大会上，习近平总书记指出，中华民族向来尊重自然、热爱自然，绵延 5000 多年的中华文明孕育着丰富的生态文化。他强调，要“加快建立健全以生态价值观念为准则的生态文化体系”。

宝带暮色

“绿浪东西南北水，红阑三百九十桥。”苏州沿海临江，傍湖枕河，是著名的水城。水既是苏州的生命之源，也是苏州文化的鲜明特征和个性标志。新中国成立70多年来，在龙桥精神的引领下，一代代的龙桥人凭着“敢破善立”的自信与担当，无论是20世纪六七十年代的农业生产，还是如今发展壮大集体经济，在全国以及省市区都争创了众多先进和第一。大运河是中国东部平原上的伟大工程，中国古代劳动人民创造的伟大的水利建筑，是世界上最长的运河，也是世界上开凿最早、规模最大的运河。

近年来，龙桥社区以习近平总书记关于“大运河文化带”建设的重要指示精神为指导，坚持系统性思维，将大运河生态文明保护和文化带建设作为社区“核中之核”打造的重要环节，兼顾遗产保护、文化传承、生态建设、经济发展等方面，让大运河深度融入龙桥社区经济社会发展，融入人民生活，在运河两岸建设起一座古今辉映的现代城区，让运河生态文化遗存再放光芒，唤起人们心中的江南记忆。

案例：

保护大运河生态是推进大运河文化带建设的基础所在，巡河工作一直是龙桥社区一项紧抓不懈的常态化工作。如今，龙桥社区党委书记多了一个“村级河长”的身份，肩负起了社区毗邻运河的巡河上报工作。每个星期，党委书记都会沿着约 3 公里的大运河龙桥段和西塘河段走上两圈，察看水质情况、环境卫生、沿岸水生态及警示标志牌设置等情况，并通过“吴中区河湖管护评估系统”小程序，及时进行巡河记录上报。“登录这个小程序，进入‘日常巡查’模块，依次填写河面、河岸、河道的情况，就可以将大运河的整体情况准确上报到街道，保证任何问题都能得到快速整治解决。”党委书记介绍道。

结语：

“环境就是民生，青山就是美丽，蓝天也是幸福，绿水青山就是金山银山。”龙桥人民在社会主义建设和改革的伟大实践中，不断深化对自然界的发展规律、人类社会发展规律以及社会主义建设规律的认识，推动经济、社会、环境的协调发展，促进人与自然、人与人、人与社会的和谐相处，努力为子孙后代留下天蓝、地绿和水清的生产生活环境。站在两个一百年历史交会点上，龙桥人民必将在党的领导下，进一步将大力弘扬和践行龙桥精神与践行新发展理念有机结合起来，确立和实践绿色低碳、循环、可持续的生产方式和生活消费方式，切实地提高生态环境质量，实现好、维护好、发展好人民群众的生态权益，促进区域经济社会持续发展和永续发展，为绘就绿水青山与金山银山相得益彰、比肩而立的“新姑苏繁华图”做出更大的贡献。

结束语

绘就龙桥全面建设社会主义现代化的新图景

○ 方　伟

我们要不忘初心、牢记使命，继续以逢山开路、遇水架桥的开拓精神，开新局于伟大的社会革命，强体魄于伟大的自我革命，在我们广袤的国土上继续书写13亿多中国人民伟大奋斗的历史新篇章！

——习近平

半个多世纪以来，龙桥人民在党中央和省、市、县（区）委坚强领导下，敢创敢试，改革创新，自强不息，艰苦创业，勇担使命，奋勇走在了时代前列，实现了经济文明、政治文明、精神文明、社会文明、生态文明的大发展、大进步，不仅精彩演绎了一个江南乡村蝶变成现代化都市社区的发展传奇，而且铸就了引领龙桥始终走在发展前列的“初心铸魂、敢破善立”的龙桥精神。时代变迁但精神永恒。“初心铸魂、敢破善立”的龙桥精神是历史的，也是当代的，具有超越时空的恒久价值和旺盛生命力。面向新时代新发展阶段，龙桥精神必将激励和鼓舞龙桥人民站在新历史高度，自觉当好龙桥精神守护者传承者践行者，不断从中汲取真理的力量、创新的力量、实干的力量，让龙桥精神绽放在新时代新发展阶段全面建设社会主义现代化强国的伟大实践中，绘就龙桥全面建设社会主义现代化的壮丽新图景。

一、龙桥发展进入新时代新发展阶段

准确把握经济社会发展的阶段性特征，明确不同发展阶段的主要任务，做出体现阶段性发展要求的战略部署，是我们党在长期执政中积累的宝贵经验。回望历史，龙桥每一步发展都与时代同频、走在了时代前列，在此进程中孕育而生的龙桥精神也生动彰显了社会主义现代化进程中的时代精神。从大寨精神浸染龙桥精神萌发到改革开放滋润龙桥精神品质，再到新时代淬炼龙桥精神升华，无不如此。

习近平总书记在党的十九大报告中指出："中国特色社会主义进入了新时代。"党的十九届五中全会进一步指出"十四五"时期我国将进入新发展阶段。这是我党对我国发展历史方位相继做出的新判断。与之相适应，龙桥发展也进入了新时代新发展阶段，迎来了发展新机遇，肩负着新使命。

（一）新时代龙桥发展的新使命

龙桥要在坚持和发展新时代中国特色社会主义的伟大实践中展现新作为。新时代是承前启后、继往开来、在新的历史条件下继续夺取中国特色社会主义伟大胜利的时代。中国特色社会主义，是党和人民近百年奋斗、创造、积累的根本成就。进入新时代，我们开辟未来的历史任务就是坚持和发展中国特色社会主义。习近平同志强调："我们这一代人，继承了前人的事业，进行着今天的奋斗，更要开辟明天的道路。"对龙桥而言，龙桥精神从一个村蝶变到城市社区这个特定维度演绎了中国特色社会主义的发展，今天，就是要一如既往地紧紧围绕坚持和发展中国特色社会主义这个党的全部理论和实践的主题，接续奋斗，让新时代中国社会主义在龙桥展现出强大的生机活力。

龙桥要在全面建成富强民主文明和谐美丽的社会主义现代化强国的伟大实践中展现新作为。新时代是决胜全面建成小康社会、进而全面建设社会主义现代化强国的时代。党的十九大围绕实现“两个一百年”奋斗目标，明确做出分“两步走”的新战略安排，对经济建设、政治建设、文化建设、社会建设、生态文明建设和党的建设等做出新战略部署。2020年，我们全面建成小康社会，如期实现了第一个百年奋斗目标，乘势而上迈入全面建设社会主义现代化国家新征程。到2035年，我们将基本实现社会主义现代化，到本世纪中叶，全面建成富强民主文明和谐美丽的社会主义现代化强国。因此，中国特色社会主义新时代，是中国实现强起来的时代，对龙桥而言，就是要乘势而上，敢破善立再创佳业，继续奋力走在强起来的时代前列。

龙桥要在不断创造美好生活、逐步实现全体人民共同富裕的伟大实践中展现新作为。新时代是全国各族人民团结奋斗、不断创造美好生活、逐步实现全体人民共同富裕的时代。习近平同志在多个场合强调：“人民对美好生活的向往，就是我们的奋斗目标。”中国共产党领导人民干革命、搞建设、抓改革，就是为了让人民过上好日子。在中国特色社会主义新时代，不断创造美好生活、逐步实现全体人民共同富裕是我们发展的目标与归宿，体现了以人民为中心的发展思想，体现了全心全意为人民服务的根本宗旨，体现了中国特色社会主义的本质要求。对龙桥而言，就是要初心不改，始终坚持以人民为中心，坚持共同富裕，进一步升华“集体资产只能租不能卖、老百姓收入只能增不能减、集体经济总量只能多不能少”的“三个不能”发展理念和政治自觉，进一步着力解决人民群众所需所急所盼，更加关注人民对美好生活新的多样化需求，尊重人民主体地位，尊重人民群众在实践活动中所表达的意愿、所创造的经验、所拥有的权利、所发挥的作用，充分激发蕴藏在人民群众中的创造伟力，把实现人的全面发展作为美好生活的高尚境界，更好满足人民日益增长的美好生活需要；更加注重使人民群众共享经济、政治、文化、社会、生态等各方面发展成果，使人民的获得感、幸福感、安全感更加完善、更可持续、更有保障；更加关注社会公平正义，不断保障和改善民生，让改革发展成果更多更公平惠及全体人民，在实现全体人民共同富裕上不断取得实实在在的新进展。

龙桥要在奋力实现民族伟大复兴中国梦的伟大实践中展现新作为。新时代是全体中华儿女勠力同心、奋力实现中华民族伟大复兴中国梦的时代。进入中国特色社会主义新时代，我们比历史上任何时期都更接近、更有信心和能力实现中华民族伟大复兴的目标。但中华民族伟大复兴，绝不是轻轻松松、敲锣打鼓就能实现的。实现这一伟大梦想，要求党必须团结一切可以团结的力量，调动一切可以调动的积极性，激发一切可以激发的精气神，聚精会神搞建设，一心一意谋发展，以昂扬的斗志和无畏的精神，不断为民族复兴大业添砖加瓦。对龙桥而言，中华民族伟大复兴的中国梦就是龙桥梦，就是要弘扬龙桥精神，丰富它的新时代内涵，勠力同心、接力奋斗，以全面建设社会主义现代化的卓越龙桥之美，在苏州打造向世界展示社会主义现代化的“最美窗口”中展现吴中区的“最美风景”。

（二）新发展阶段龙桥发展的新要求

党的十九届五中全会在党的十九大做出“中国特色社会主义进入新时代”的判断基础上，又进一步指出从2021年起我国进入新发展阶段。这是在全面建成小康社会、实现第一个百年奋斗目标之后，全面建设社会主义现代化国家、向第二个百年奋斗目标进军的发展阶段，为龙桥发展指明了前进方向，提出了发展新要求。

从历史发展来看，这个新发展阶段是我国社会主义初级阶段整个历史进程中一个不同寻常的发展阶段。在整个社会主义初级阶段，我国经济社会发展在不同时期呈现不同的阶段性特征和发展要求。以党的十一届三中全会召开为标志，我国进入改革开放和社会主义现代化建设的新时期；1992 年邓小平同志南方谈话和党的十四大以后，我国改革开放和现代化建设进入抓住机遇、加快发展的新阶段；党的十六大以后，我国进入全面建成小康社会、加快推进社会主义现代化的新的发展阶段；党的十八大以来，我国进入中国特色社会主义新时代，从“十四五”时期开始我国进入全面建设社会主义现代化国家、向第二个百年奋斗目标进军的新发展阶段。这个新发展阶段“新”在以下几个方面：

1. 发展基础“新”。我国已全面建成小康社会，经济实力、科技实力、综合国力跃上新的大台阶，我国发展站在了新的历史起点上。

2. 发展任务“新”。新发展阶段的任务已经由实现第一个百年奋斗目标——全面建成小康社会，转向实现第二个百年奋斗目标——全面建成社会主义现代化强国。这表明在新发展阶段，现代化建设的要求更高、现代化程度更高、现代化标准更高，是经济、政治、文化、社会、生态文明“五位一体”全面发展的现代化，是物质文明、政治文明、精神文明、社会文明、生态文明全面提升的现代化，是富强民主文明和谐美丽全面实现的现代化，是包含国家治理体系和治理能力在内的全方位现代化，是以人的全面发展为本质的高标准现代化。

3. 发展主题“新”。进入新发展阶段，经济社会发展的重心将逐步从重视经济规模的“高增速”转到提高效率和质量上来，实现“高质量”发展成为新的发展主题。高质量发展是能够满足人民日益增长的美好生活需要的发展，是创新成为第一动力、协调成为内生特点、绿色成为普遍形态、开放成为必由之路、共享成为根本目的，充分体现新发展理念的发展。从供给看，高质量发展要求实现产业体系比较完整，生产组织方式网络化智能化，创新力、需求捕捉力、品牌影响力、核心竞争力强，产品和服务质量高。从需求看，高质量发展要求不断满足人民群众个性化、多样化、不断升级的需求。从投入产出看，高质量发展要求不断提高劳动效率、资本效率、土地效率、资源效率、环境效率，不断提升科技进步贡献率，不断提高全要素生产率。从分配看，高质量发展要求实现投资有回报、企业有利润、员工有收入、政府有税收，并且充分反映各自按市场评价的贡献。从宏观经济循环看，高质量发展要求实现生产、分配、流通、消费循环畅通，国民经济重大比例关系和空间布局比较合理，经济发展比较平稳，不出现大的起落。

4. 发展环境“新”。从国际看，世界百年未有之大变局加速演变，国际环境日趋错综复杂，新一轮科技革命和产业变革正在深入发展，国际力量对比正在深刻调整，国际形势的不稳定性不确定性明显增加，新冠肺炎疫情全球大流行的影响和后果广泛深远，经济全球化遭遇逆流，民粹主义、排外主义抬头，单边主义、保护主义、霸权主义对世界和平与发展构成威胁，国际经济、科技、文化、安全、政治等格局都在发生深刻复杂变化，世界进入动荡变革期，今后一个时期我们将面对更多逆风逆水的外部环境。从国内看，我国制度优势显著，治理效能提升，经济长期向好，物质基础雄厚，人力资源丰富，市场空间广阔，发展韧性强大，社会大局稳定，继续发展具有多方面优势和条件，但同时也面临不少困难和挑战。比如，按照党的十九届五中全会的部署，2035 年要实现人均国内生产总值达到中等发达国家水平，约 2 万美元。这意味着按现有不变价格计算，到 2035 年我国国内生产总值将在 2020 年的基础上翻一番，达到 200 万亿元人民币。实现第一个 100 万亿，如果从 1949 年算起我们用了 71 年，即便从 1978 年改革开放算起也用了 42 年，加之我国计划到 2030 年碳排放要达到峰值，2060 年实现碳中和，所以我们要用 15 年实现国内生产总值翻一番的发展任务，其难度是可想而知的。特别是我国经济面临周期性因素和结构性因素叠加、短期问题和长期问题交织、外部冲击和新冠肺炎疫情冲击等多重影响，可以说，我国发展面临前所未有的复杂环境。

总的来看，这个新发展阶段，是全面实现工业化、信息化、智能化融合的新型工业化的发展阶段；是全面实现农业农村现代化和城乡社会一体化的发展阶段；是全体人民共同富裕基本实现的发展阶段；是在诸多科技领域处于世界前沿水平、我国建成世界科技强国的发展阶段；是实现国家治理体系和治理能力现代化的发展阶段；是推进物质文明和精神文明相协调、人与自然和谐共生，促进物的全面丰富和人的全面发展，综合国力和国际影响力在世界领先的发展阶段。归根到底一句话：这是从全面建成小康社会向全面建成社会主义现代化强国“升级转段”的发展阶段。因此，展望新发展阶段未来 30 年，这是中华民族实现伟大复兴的“攻坚冲刺期”，也是中国共产党带领中国人民而今迈步从头越的又一个“创业期”。基于这个大背景，中共吴中区委提出，推动“十四五”高质量发展，实现 2035 年远景目标，吴中区要紧扣“强富美高”总目标，着眼“争当表率、争做示范、走在前列”，具体要抓好“一标杆、三高地”建设，即在美丽吴中引领下，努力将吴中打造成为特色融入长三角一体化的标杆，打造生态、文化、产业三大高地，全力建设创新、开放、生态、人文、幸福“五个吴中”，在苏州打造向世界展示社会主义现代化的“最美窗口”中勾画出吴中的“最美风景”。

显而易见，从国家到苏州再到吴中，目标催人奋进但也有困难挑战。对龙桥而言更是如此。新发展阶段不仅让龙桥面临新的机遇挑战，也给龙桥提出新的发展要求，赋予新的历史使命。关键要看是否坚持以人民为中心的发展思想，开拓创新、苦干实干，坚持生态优先、推动高质量发展、创造高品质生活。这就要坚持稳中求进工作总基调，立足新发展阶段，贯彻新发展理念，构建新发展格局，以推动高质量发展为主题，以深化供给侧结构性改革为主线，以改革创新为根本动力，以满足人民日益增长的美好生活需要为根本目的，集中精力办好自己的事，加快推进产业转型发展，加快融入现代化经济体系，加快融入以国内大循环为主体、国内国际双循环相互促进的新发展格局，深入推进基层治理体系和治理能力现代化，努力在实现经济行稳致远、社会安定和谐上继续走在吴中前列，全面建设展示强富美高新图景的社会主义现代化卓越社区。同时，坚持党对经济社会发展工作的集中统一领导，形成上下贯通、执行有力的组织

武珞科技园

体系，确保党中央决策部署有效落实，为实现“十四五”规划和新发展阶段目标任务提供坚强保证。面向未来，有以习近平同志为核心的党中央坚强领导，有习近平新时代中国特色社会主义思想的科学指引，有龙桥人民聚合起来敢破善立的实践伟力，龙桥人民有信心有底气实现新发展阶段的奋斗目标。

二、龙桥精神是新发展阶段龙桥发展的力量之源和不竭动力

龙桥精神是龙桥人民赢得发展走在前列的传家之宝，是龙桥人民继续奋斗前行的宝贵财富。党的十八大以来，在习近平新时代中国特色社会主义思想指引下，龙桥人民进一步继承和弘扬“初心铸魂、敢破善立”的龙桥精神，龙桥的基层党建、“三建共建”基层治理、生态文明建设、新时代文明实践活动、人的文明素质提升等方面不断深化创新，先后获得了江苏省和谐示范社区等荣誉称号，连续多年成为吴中区集体经济稳定收入超5000万元社区，焕发出干事创业、走在前列的蓬勃生机。站在新发展阶段新历史起点上，开启全面建设社会主义现代化新征程，龙桥要想把握战略机遇，赢得高质量发展主动权，完成新的使命，继续走在前面，当好吴中区乃至苏州新时代高质量发展“优等生”，必须高擎“初心铸魂、敢破善立”龙桥精神这面大旗，从中汲取奋发的力量，使之成为龙桥新发展阶段源源不断的内生动力。

（一）龙桥精神是龙桥新发展阶段实现美好蓝图的力量之源和不竭动力

龙桥精神具有深厚的历史禀赋。“初心铸魂、敢破善立”的龙桥精神是龙桥波澜壮阔奋斗史的精神写照。20世纪60年代农业学大寨，治穷致富，艰苦奋斗，缔造了水乡农业学大寨一面旗帜，孕育了龙桥精神。改

革开放新时期，大力发展乡村工业，积极融入城市经济，异地发展拓展空间，抱团发展创新业，一次次抢抓机，创造发展奇迹，走出一条坚持集体经济共同富裕的好路子，形成了龙桥精神。进入新时代，龙桥面临新挑战和新机遇，龙桥精神的时代内涵必将随之丰富发展，重点体现在再出发、再突破、再引领上。比如，如何坚持党建引领发展，推进经济不断转型；如何探索完善社会治理现代化，坚持民生优先，提升居民幸福指数；如何与时俱进筑牢精神家园，科技、教育、文化、卫生、体育、社保等社会事业协调发展，让人民群众有更多获得感、幸福感、安全感；等等。这些都需要龙桥人深刻把握、自觉回应时代的要求。

龙桥精神具有强烈的时代自觉。综观龙桥奋斗发展史，可以清楚地看到，龙桥精神是龙桥发展的力量之源和不竭动力。只有依据时代的要求，自觉担负时代所赋予的历史使命，拼搏奋斗，才有可能书写出符合时代要求的壮丽篇章。随着形势的变化和时代的发展，龙桥历届党组织始终是在上级党组织领导下，始终坚持贯彻落实上级决策部署，带领全体党员干部和群众与时俱进、争先创优；始终初心不改、敢破善立，坚持传承、弘扬“初心铸魂、敢破善立”的龙桥精神，并在不同时期与时俱进赋予其时代内涵，使其成为推动龙桥事业发展进步的力量之源和不竭动力，成为龙桥广大党员干部为人民谋幸福的一把金钥匙。而其中党员干部永不自满、永不停步、永不懈怠，不断追求更高目标，是龙桥精神代代延续、行稳致远的关键所在。无论是在创业初期还是进入快速提升期，无论是处在发展的不利环境还是面临宏观有利条件，龙桥的发展都必须靠党员干部为民发展的高度责任心“干”出来,要靠开拓创新的使命感“闯”出来，要靠脚踏实地的工作“拼”出来，自始至终都保持着敢破善立的创业、创新、创优的勇气和胆略。

（二）弘扬龙桥精神是龙桥新发展阶段实现美好蓝图的必然要求和强大支撑

回眸历史，可以观照未来。时代的车轮滚滚向前，作为龙桥人的初心和使命的文化结晶，龙桥精神不断与时俱进，影响着一代又一代龙桥人，成为根植于全体龙桥人心中共同的价值观和精神特质，为龙桥人筑牢了一个初心不变、奋斗不息的精神家园和思想基石。党的十九大和党的十九届五中全会对实现全面建设社会主义现代化强国第二个百年目标所做的战略部署，为龙桥新发展阶段实现美好蓝图指明了方向。站在新发展阶段新起点上，龙桥人只有始终“不忘初心”，始终“牢记使命”，始终与时代同步前行，在浩浩荡荡、奔流不息的时代潮流中不断丰富、升华龙桥精神，才能使龙华精神永葆生机和活力，继续成就新时代龙桥经济社会现代化发展新的华彩乐章。

弘扬龙桥精神是把握新机遇，应对新挑战的必然要求。龙桥发展成就无一不是老一辈龙桥人在极其艰苦的环境中，不畏困难，敢想、敢破、善立、拼搏而来的。新发展阶段，龙桥将面临许多外部不确定性，对内，产业升级怎么顺应扩大内需战略与供给侧结构性改革相统一的大趋势，怎么让城市治理更加现代化，怎么让群众过上好日子，都需要激发龙桥自身的创造性，勇于、善于开顶风船，在危机中育先机，于变局中开新局，统筹发展，努力实现更高质量、更有效率、更加公平、更可持续、更为安全的发展，努力成为吴中新时代构建新发展格局、建设现代化经济体系、推动高质量发展的生力军。

弘扬龙桥精神是创造新发展优势，继续走在前列的有效举措。过去，在面对集体经济发展壮大、土地资金等各类资源要素的瓶颈制约时，龙桥人坚持“以破为立”，迎难而上，优化产业结构、创新集体资本合作开发、异地收购、联合发展等破解资源瓶颈、创新开发代建模式，既保证了社区资产的有效回报率，又保障了集体资产在城市化进程中持续发展壮大，不断拓展发展空间，赢得了走在前列的发展优势。进入新发展阶段，城市社区通过产业升级和城市更新赢得发展优势已成趋势。随着苏州城市化进程的加速，龙桥社区位于吴中区“中心城市核”的核中之核的长桥街道，“产业升级”和“城市更新”是其两大突出重点工作且相互叠加，如何不断推进产业质态优、城乡形态优、社会生态优、惠民业态优、共建常态优，已成为龙桥当下创新发展的基本命题。龙桥精神就是育先机、开新局的强大支撑。龙桥社区集体经济在当下和未来的发展中，如何与城市更新紧密结合，助推集体资产得到长期稳定可持续发展？如何通过城市更新实现产业的转型升级？破解这些现实发展难题，需要高擎“初心铸魂、敢破善立”这面精神大旗，破除路径依赖，破除小富即安，率先进一步探

中农大有机循环研究院

索在新经济、新业态、双循环大格局以及城市更新叠加大背景下的社区集体经济和社区产业转型升级之路,深化推进“三建共建”城市基层治理,蹚出一条“产业升级”和“城市更新”有机融合的发展新路,这样才能赢得发展先机和优势,以更高更新的姿态精彩展示现代化龙桥新担当新作为。

弘扬龙桥精神是破解发展难题,带领人民创造美好生活的强大支撑。带领人民创造幸福生活,不断满足人民日益增长的美好生活需要是我们党始终不渝的奋斗目标,是社会主义现代化建设的根本目的,也是党的一切工作的出发点和落脚点。几十年来,龙桥经济社会发展取得了长足的进步,人民幸福指数稳步攀升,宜居宜业的魅力也日益彰显。今后,龙桥要继续高举“初心铸魂、敢破善立”这一精神大旗,抓群众最关心的问题,不断增强人民获得感,把民生疾苦放在心头,把改革发展责任扛在肩上。这就要牢牢把握人民群众对美好生活的向往。当前,人民群众的需要呈现多样化多层次多方面的特点,期盼有更好的教育、更稳定的工作、更满意的收入、更可靠的社会保障、更高水平的医疗卫生服务、更舒适的居住条件、更优美的环境、更丰富的精神文化生活。民之所望就是改革发展所向,需要我们在健全就业创业体制机制,促进教育公平,完善养老服务,优化宜居宜业环境、确保“舌尖上的安全”……不断补齐民生短板,与民便利、为民让利,让改革发展红利不断转化为民生红利。

三、弘扬“龙桥精神”再出发 续写现代化“新姑苏繁华图”的时代华章

新时代新使命新要求呼唤新担当。党的十九届五中全会闭幕不久,

习近平总书记就来江苏视察，赋予江苏“争当表率、争做示范、走在前列”的重大使命。江苏省委也对苏州提出“十四五”使命定位，要把现代化“可以勾画”的目标真实展现出来，打造向世界展示社会主义现代化的“最美窗口”。在全面开启社会主义现代化建设的新征程中，我们苏州将责无旁贷扛起新的使命、体现新作为，努力建设充分展现“强富美高”新图景的社会主义现代化强市，打造向世界展示社会主义现代化的“最美窗口”，积极建设更高水平的创新之城、开放之城、人文之城、生态之城、宜居之城、善治之城，在全面建设社会主义现代化新征程中走在全省全国的前列。

蓝图业已绘就，奋斗正当其时。吴中区委响亮回应，要在苏州打造社会主义现代化“最美窗口”展现“最美风景”！以区域性实践为苏州现代化建设先行探路做出贡献，是吴中应有的时代担当。新时代的吴中要高扬“初心铸魂、敢破善立”的龙桥精神大旗，干事创业再谱新章，为绘就新时代现代化“新姑苏繁华图”的“最美风景”贡献力量。

（一）以龙桥精神为引领扛起再谱新篇的责任担当

“初心铸魂、敢破善立”的龙桥精神虽然产生于龙桥，但它不单属于龙桥，更是吴中大地在新中国尤其是改革开放新时期干事创业的精神缩影和典型代表，是改革开放以来形成的苏州“三大法宝”的有机组成。

弘扬龙桥精神再出发，首要的是推进龙桥精神入脑入心、发扬光大。以龙桥精神为引领扛起再谱新篇的责任担当，要坚持以习近平新时代中国特色社会主义思想为指导，紧扣“初心铸魂敢破善立”这个核心，深刻认识把握龙桥精神的历史地位和永恒价值，增强弘扬龙桥精神的思想自觉和行动自觉，推动龙桥精神常学常新、历久弥新。要在吴中大地全面兴起学习龙桥精神热潮，这对践行龙桥精神谱写吴中发展新华章具有重大现实意义。把弘扬龙桥精神作为学习习近平新时代中国特色社会主义思想和党的十九大以及十九届一中、二中、三中、四中、五中全会精神的重要内容，区委带头学，各级领导干部带头讲，把龙桥精神纳入全区党员干部教育培训的重要内容。要坚持不懈用龙桥精神教育广大党员、干部，通过弘扬龙桥精神，走在新时代前列专题党课、主题党日活动等多种方式，让龙桥精神响彻吴中大地，迅速传达到基层、贯彻到支部、落实到普通党员，进一步兴起学习践行弘扬龙桥精神的热潮，敢于创新突破，勇争时代先锋，不断开辟龙桥全面建设社会主义现代化的新境界。

（二）以龙桥精神为引领激扬勇当“探路尖兵”的磅礴力量

新发展阶段，大力弘扬龙桥精神，为龙桥发展提供更加丰厚的精神滋养，努力变全面小康阶段的“曾经先发”为现代化建设开局阶段的“再度领先”，就要全面落实中央、省市区委的各项决策部署，大手笔深化改革、推进创新、扩大开放、优化环境、促进发展、提升文明，加快推进现代化建设，奋力续写社会主义现代化强市“最美窗口”的“最美风景”新篇章。

要在守初心担使命、推进现代化建设中激扬龙桥的首创精神。“初心铸魂、敢破善立”的龙桥精神贵在首创。新发展阶段呼唤吴中要站在历史和时代发展的潮头，走在时代前列。对龙桥而言，在全面建设社会主义现代化强国，实现中华民族伟大复兴的中国梦的征程中，应对重大挑战、抵御重大风险、克服重大阻力、解决重大矛盾，需要下好先手棋、善打主动仗，以新作为创造光荣业绩。无论是产业转型、民生改善，还是城市治理，经济社会高质量发展和人民高品质生活都需要拿出破解难题的实招、硬招，还要把问题找实、把根源挖深，明确努力方向和改进措施，这都需要敢破善立，勇于创新，要有首创精神。从发展实践看，一是要促创新，把惠民、利民、富民、改善民生作为龙桥创新发展的重要方向；二是要促协调，始终把坚持以人民为中心作为重要原则；三是促绿色，良好生态环境是最普惠的民生福祉；四是要促开放，让开放成果及早惠及辖区和居民群众；四是要促共享，使发展成果更多更公平惠及全体居民群众。

要在守初心担使命、奋进伟大复兴的征程中激扬龙桥的奋斗精神。“初心铸魂、敢破善立”的龙桥精神精髓在奋斗。70多年来，龙桥之所以能自强不息、历经曲折而愈挫愈勇，一代代龙桥党员干部之所以接续奋进、一往无前，带领群众不断取得一个又一个发展业绩，靠的就是牢不可破的理想信念、坚如磐石的使命担当和奋斗不止的革命精神。新时代是奋斗者的时代，没有奋斗，使命就不可能变为现实。习近平总书记号召全党，永远保持建党时中国共产党人的奋斗精神，越是面临世界百年未有之大变局，越是面临国际环境的深刻变化，越是面临转型发展的难题，越要以龙桥精神为引领克服前进道路上的一切艰难险阻，保持只争朝夕、奋发有为的奋斗姿态和越是艰险越向前的斗争精神，敢于直面风险挑战，以坚忍不拔的意志和无私无畏的勇气战胜前进道路上的一切艰难险阻，走好新时代的长征路。

要在守初心担使命、为人民服务的实践中激扬龙桥的奉献精神。“初心铸魂、敢破善立”的龙桥精神鲜明政治品格在奉献。没有奉献，初心使命就会成为一句空话。初心不改、奋斗不止，始终同人民心心相印、同甘共苦，坚持集体主义发展共同体，走共同富裕道路，是龙桥人70多年来所行的大道，这是一条全心全意为人民服务的大道，是“为中国人民谋幸福，为中华民族谋复兴”的大道，这一大道是用奉献精神铸就的。瞻望新发展阶段，无论是解决发展不平衡、不充分问题，还是促进人与自然和谐，抑或解决发展内外联动问题，都需要通过与人民同心同行、激发人民伟力来完成。高扬奉献精神，就要以龙桥精神为引领不断实现人民群众的根本利益，始终做到以人民为中心，坚守人民立场，自觉践行党的根本宗旨，把人民对美好生活的向往和共同富裕作为我们的奋斗目标，把群众观点、群众路线深深根植于思想中、落实到行动上，为群众不懈奋斗，着力解决群众的烦心事、操心事，不断增强人民群众获得感、幸福感、安全感。

（三）以龙桥精神为引领，谱就走在前列的“新姑苏繁华图”现代化篇章

前瞻未来，以龙桥精神为引领，谱就走在前列的“新姑苏繁华图”现代化篇章，就要顺应新发展阶段要求，统筹推进“五位一体”总体布局，大刀阔斧推进文明发展，以新发展理念引领高质量发展走在前列，建设富强民主文明和谐美丽的龙桥社区，将龙桥打造成为充分展示江南文化韵味的、人的自由而全面发展的、体现强富美高新图景和新江南繁华图的社会主义现代化卓越社区，成为全国党建高质量发展、人民生活高质量发展、现代化建设高质量发展的样本。

致力产业转型升级，努力在高质量发展上走在前列。历史表明，龙桥人民正是在历届党组织领导下奋勇争先，才催生出龙桥精神，支撑了龙桥经济快速发展，造就了龙桥多年雄踞全县（区）前列的辉煌。现在，龙桥虽是个经济实力强社区，但业态与高质量发展要求和城市发展趋势相比仍然偏传统。因此，再创发展新优势，就要践行好新发展理念，以“现代化卓越社区”的定位来审视自身、鼓舞人心、谋划未来，敢突破勇创新，坚持在自主的基础上建设现代化龙桥。坚定“产业转型、动力转换、路径转轨”的步伐，大刀阔斧推进转型发展，在产业层次、基层治理能力、公共服务水平等方面实现全面进步，使龙桥成为产业特色明显、创新能力

最强、投资价值最高、投资环境最优、投资前景最广的城市社区，再造经济发展新优势，努力成为经济高质量发展的实践典范。

致力城市功能提升，努力在建设现代城市上走在前列。坚持以人民为中心，坚持建设人民城市理念，推动老旧小区改造更新，激活存量低效空间，做好城市有机更新、环境治理与配套设施、特色塑造与品牌提升等文章，织密公共服务“幸福线”，坚守安全生产“底线”，筑牢社会稳定“防线”，推进基层治理体系和治理能力现代化，着力把法治建设苏州实践推向新水平，建设充满活力、最具特色的城区，将龙桥建成经济发展繁荣、资源利用集约、公共服务精细、基础设施完善、人居环境优美的卓越城市社区，高质量推进城市发展，再造城市基层治理新优势，让城市发展更有温度、市民生活更有质量，努力成为提升城市功能的实践典范。

致力文化硬核打造，努力在国家战略中展现作为上走在前列。苏州是首批国家历史文化名城保护之一，拥有苏州园林和大运河双世界文化遗产，是名副其实的世界遗产典范城市。龙桥社区位处大运河之畔，发展与大运河紧密相关。今天,龙桥要在大运河文化带建设的国家战略中积极作为。在大运河文化带建设中，龙桥要提高站位，坚持齐抓共管、全域联动，着力打造大运河文化带建设“最靓一段”，同时以主动积极的姿态投入建设长三角生态绿色一体化发展示范区中去，努力走在融入长三角一体化发展的前列，把苏州的文化特质传承下去、彰显出来，打响“苏州文化”品牌，不断增强城市软实力，厚植“历史文化名城”“江南水乡”“人间天堂”等文化沃土。着力营造城市文明好的风尚，发挥社会主义核心价值观对精神文明创建活动的引领作用，推进新时代文明实践中心建设，争创文明城市社区，着力营造崇德向善、见贤思齐、德行天下的社会风尚。弘扬以

"三大法宝[①]"为核心的苏州精神，在苏州建设古今辉映、开放包容、兼收并蓄、卓尔不群的世界文化名城中，再造"古今辉映"新优势，努力成为推动文化繁荣兴盛的实践典范。

致力美丽社区建设，努力在促进人与自然和谐共生上走在前列。深入贯彻习近平新时代生态文明思想，持续推进"垃圾分类"行动，加快环境基础设施建设，提升环境处置能力，改善环境与优化高质量发展互促互利，建成人与自然和谐共生、人文与环境相辅相成的美丽社区，让"好山好水好风光"成为创新集聚、产业转型、民生改善、宜居宜业的绿色名片。推进传统产业的绿色发展，通过环境治理倒逼产业转型升级，布局新产业新经济，让生态环境和经济质量得到同步提升，走出一条"生态优先、绿色发展"的发展之路，努力成为美丽中国建设的实践典范。

致力全面提升党的建设质量，努力在党建引领发展上走在前列。回望龙桥发展史，正是一届又一届龙桥党组织领导班子成员自觉地把龙桥精神当作接力棒，薪火相传，接续奋斗，才创造出龙桥一个又一个发展奇迹。龙桥发展历史雄辩说明，事业发展关键在党、关键在人。习近平总书记指出，"要把新时代坚持和发展中国特色社会主义这场伟大社会革命进行好，我们必须勇于进行自我革命，把党建设得更加强盛"。龙桥乃至吴中要在高质量发展上走在前列，必须驰而不息抓党建、强队伍，着力提振高质量发展精气神。深入贯彻新时代党的建设总要求，牢记初心使命、推进自我革命，纵深推进全面从严治党，以党建"最大政绩"引领保障发展"第一要务"。首要和基础的工作就是要牢固树立"以实绩论英雄"的

① 苏州"三大法宝"系以"团结拼搏、负重奋进、自加压力、敢于争先"为核心的"张家港精神"，以"敢想、敢当、敢为""不等、不靠、不要""敢于争第一、勇于创唯一"为标志的"昆山之路"，以"借鉴、创新、圆融、共赢"为特点的"园区经验"。

家在石湖

用人导向，造就担当作为的干部队伍，用好用足用活“三项机制”，大胆起用那些敢于负责、敢闯敢试、敢走新路、敢开先河、敢抓善成的“拓荒牛”，选好配强政治素质高、道德品质好、带富能力强、协调能力优的基层带头人。其次，要突出重点抓好支部建设，大力推动“行动支部”建设，持续实施党建品牌战略，提档升级“海棠花红”先锋阵地建设，把各级党组织建设得更加坚强有力，把党内政治生态建设得更加山清水秀，努力成为新时代党建引领发展的实践典范。

习近平总书记在学习贯彻党的十九大精神研讨班开班式上指出："只有回看走过的路、比较别人的路、远眺前行的路，弄清楚我们从哪儿来、往哪儿去，很多问题才能看得深、把得准。"回望，是为了牢记初心使命；眺望，是为了看清历史方位，是为了锚定前进方向。在全面建设社会主义现代化的新时代新发展阶段，龙桥精神的时代内涵必将不断激扬和深化，激扬龙桥人民经济现代化走在前列，建设富强龙桥；文化现代化走在前列，建设文明龙桥；社会治理现代化走在前列，建设平安龙桥；生态文明现代化走在前列，建设绿色龙桥；人民共同富裕走在前列，建设幸福龙桥；努力成为全区全面建设社会主义现代化强市的领跑者，把龙桥打造为高质量发展高品质生活高地、新时代文明建设高地、社会治理高地和人民幸福美好家园，并将在苏州建设向世界展示社会主义现代化强市“最美窗口”、展现最美吴中风景中持续闪耀出崭新的光芒！